DINA FAYER

MAMA KOMPAKT

BASTEI LÜBBE

BASTEI LÜBBE TASCHENBUCH
Band 66415

1. Auflage: Januar 2008

Vollständige Taschenbuchausgabe

Bastei Lübbe Taschenbücher in der Verlagsgruppe Lübbe
Deutsche Erstausgabe

Für die Originalausgabe:

Titel der Originalausgabe: »Pocket Mom«
First published in English by Quirk Productions,
Philadelphia, Pennsylvania.
Für die deutschsprachige Ausgabe:

Illustrationen und Titelillustration: Carson Ellis
Design und Layout: Andrea Stephany
Adaption des Umschlags: Gisela Kullowatz
Satz: Druck & Grafik Siebel, Lindlar
Druck und Verarbeitung: Tien Wah Press Limited
Printed in Malaysia
ISBN 978-3-404-66415-3

DINA FAYER

MAMA KOMPAKT

ALLTAGSWISSEN, PRAKTISCHE TIPPS

UND MÜTTERLICHER RAT

AUS DEM ENGLISCHEN VON

PETRA TRINKAUS

BASTEI LÜBBE

Inhalt

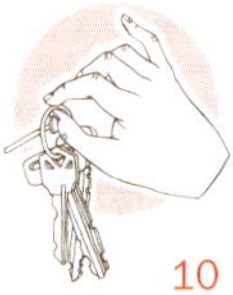

1. Kapitel: Gute Angewohnheiten

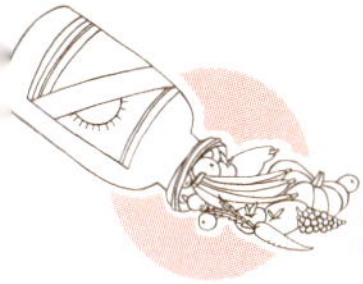

2. Kapitel: Gesundheit und Hygiene

3. Kapitel: Küchen- und Kochgrundlagen

4. Kapitel: Haushaltsführung

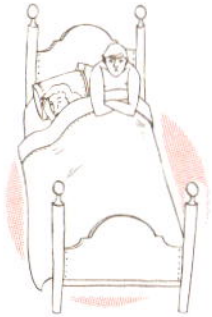

5. Kapitel: Liebe und Beziehungen

Einleitung

Haben Sie auf Ihre Mutter gehört? So richtig? Sicher, sie schien grundsätzlich die Weisheit gepachtet zu haben – aber sie war immer noch Ihre *Mutter*. Und das hieß natürlich, sie konnte noch so schlau sein, sie hatte trotzdem einfach keine Ahnung. Von gar nichts. (Oder zumindest nicht von den wichtigen Dingen – wie Leben und Liebe und den richtigen Schuhen.)

Um ganz ehrlich zu sein: So wie unsere schnelllebige moderne Welt nun einmal funktioniert, dachten Sie wahrscheinlich, es könne überhaupt niemand *weniger* Recht haben als Mama. Schließlich war das Haltbarkeitsdatum auf ihren Ratschlägen längst abgelaufen, oder etwa nicht?

Sie irren sich. Und zwar gewaltig. Hätten Sie öfter auf Ihre Mutter gehört, dann wüssten Sie, wie gut ihre Ratschläge waren – und immer noch sind. Mama hatte Recht. Mama hat *immer* Recht.

Woher sie das alles weiß, bleibt ein Rätsel. Einzigartig aber ist sie, weil sie nicht nur weiß, wie man eine Badewanne schrubbt, sondern *auch* weiß, warum Sie sich erkälten, wenn Sie sich nicht die Hände waschen, und Ihnen *außerdem* erklären kann, warum Ihre letzte Beziehung von Anfang an zum Scheitern verurteilt war.

Heutzutage lebt man womöglich weit weg von Mama. Aber keine Angst: *Mama kompakt* dient Ihnen als unerschöpfliches Nachschlagewerk, wenn Sie mal wieder eine kräftige Portion mütterlichen Rat brauchen. (Für die echte gibt es natürlich keinen Ersatz.) Falls Sie früher auf Durchzug geschaltet haben, gibt Ihnen dieses umfassende Handbuch eine zweite Chance, auf Mamas Weisheiten und Ratschläge zu hören – mit einfachen Anweisungen zu sämtlichen Alltagsfragen, von der täglichen Ordnung über Grundtechniken der Haushaltsführung bis zum gebrochenen Herzen. Hier kommt Mama in aufreizender Bestform, jedoch mit einem immensen Vorteil – es ist ein Buch. Sie können es zuklappen, wann immer Sie wollen – aber sanft.

1. Kapitel: Gute Angewohnheiten

Mama steckt im Detail. Und wie jede Mutter weiß, gibt es nur eine sichere Methode, sich um jedes Detail zu kümmern: eine Routine zu entwickeln, mit der man immer und überall effizient ist. Gute Angewohnheiten erleichtern uns das Leben und verhindern das Schlimmste: Sie stehen zwischen uns und dem Chaos. Hier kommen Mamas beste Ratschläge, die uns den Start ins Leben und in den Tag erleichtern.

Zum Aufräumen reicht die Zeit immer

Keine Zeit, etwas wegzuräumen?
Machen Sie's trotzdem. Jetzt sofort.

Auf schönen, sauberen Oberflächen lässt sich eine Menge machen.

Auf vollgestellten Flächen nicht. Jeder Zentimeter voller Müll ist ein Zentimeter, der zu gar nichts nütze ist – weder zu Hausarbeiten noch zum Briefeschreiben oder Kochen. Außerdem scheitert jede Tätigkeit schon im Ansatz daran, dass man überhaupt nichts anfangen kann, ohne vorher größere Ausgrabungen zu unternehmen.

Wollen Sie Ihre Gewohnheiten ändern, dann fangen Sie jetzt damit an.

Gestehen Sie sich ein, dass Mütter und putzwütige Mitbewohner(innen) nicht die einzigen sind, die Ordnung ernst nehmen, und verschreiben auch Sie sich dieser segensreichen Himmelsmacht. Dann versuchen Sie, *Unordnung* neu zu definieren. Unordnung ist nicht nur das Werkzeug, das man nach getaner Arbeit nicht wieder wegräumt. Unordnung ist alles, was nicht an seinem Platz ist oder offen steht – seien es Zahnpastatuben oder Küchenschubladen. Alles, was man wegräumen muss, ist Unordnung.

Aufräumen ist einfach. Der eigentliche Trick besteht darin, Unordnung zu *sehen* – und zwar nicht erst, wenn man ihr das zehnte oder fünfte oder dritte Mal ausweichen muss, sondern gleich beim ersten Schritt. Auf lange Sicht spart man sich so viele Wege … und rettet die Beziehung zu Lebensgefährten und Mitbewohnern.

Wer kein Fan des ständigen Aufräumens ist, muss sich etwas abgewöhnen. Es ist *immer* Zeit, hinter sich selbst herzuräumen, und wenn man nicht gerade aus der Tür stürzt, hat man auch Zeit, es sofort zu tun.

MAMA SAGT: »Ständiges Aufräumen lässt sich lernen.«

1. Arbeitsflächen in der Küche nach jeder Tätigkeit abwischen. Krümel in die Hand fegen, dann kurz mit feuchtem Schwamm nachwischen und Essensreste beseitigen.
2. Vor dem Abwaschen sauberes Geschirr aus dem Geschirrständer an seinen Platz im Schrank räumen.
3. Geschirr immer direkt nach dem Essen oder zumindest innerhalb der nächsten zwei Stunden spülen.
4. Die Spüle kurz auswischen oder ausspülen, damit sich Flecken und Essensreste gar nicht erst festsetzen.
5. Zeitungen und Zeitschriften auf zwei Stapel (alt und neu) sortieren: Altpapier in die Recyclingtonne bringen und neues Schriftgut ordentlich in einem dafür vorgesehenen Ständer oder auf einem Ablagetisch stapeln.
6. Kleidung vor dem Schlafengehen aufhängen.
7. Schuhe in Schuhschränke räumen.
8. Sofakissen und Decken ordentlich arrangieren, bevor man das Haus verlässt.
9. Aschenbecher leeren und Essensverpackungen gleich nach der Mahlzeit wegwerfen.

Jedes Ding hat seinen Platz oder Wie man seine Schlüssel findet

Schaffen Sie für alles einen Platz, und legen Sie alles an seinen Platz.

Manchmal kann der Verlust der Autoschlüssel einem das Leben ruinieren – zumindest kommt es einem so vor. Man verpasst das Vorstellungsgespräch und bekommt den Job nicht. Man verpasst den Vorsprechtermin und bekommt die Rolle nicht. Man kommt zu spät zum Rendezvous und bekommt … Na ja, Sie verstehen schon. Ihre Lebensweise sabotiert Sie.

Wer den Gegenständen, die er täglich braucht, einen angestammten Platz verschafft – griffbereit und logisch –, dem fällt es leichter, sich zu erinnern, wo man sie abends hinlegen und morgens nur abholen muss. Nie mehr Panik, nie mehr wilde Hausdurchsuchungen.

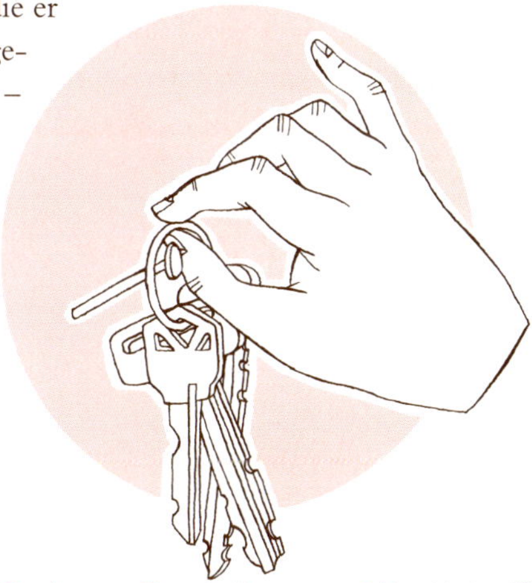

MAMA SAGT: »Ordnung kann man sich angewöhnen.«

1. So müde Sie abends auch sein mögen, lassen Sie Ihren Mantel nicht herumliegen. Hängen Sie ihn gleich beim Betreten der Wohnung in den Kleiderschrank oder an die Garderobe.
2. Gewöhnen Sie sich an, den Schlüssel beim Betreten der Wohnung immer am selben Platz zu deponieren: auf einem Regalbrett, auf einem Beistelltisch oder – idealerweise – an einem speziellen Schlüsselhaken neben der Eingangstür. Oder ins Schloss stecken und abschließen – dann vergisst man nicht so leicht, ihn mitzunehmen.
3. Handtasche oder Portemonnaie immer an derselben Stelle deponieren – auf der Dielenablage, an der Garderobe oder auf dem Schreibtisch –, sobald man die Wohnung betritt.
4. Post in Ablagekörbe sortieren: zu bezahlende Rechnungen, zu beantwortende Briefe und Altpapier.

Organisation – und zwar dauerhafte – verbessert die Lebensqualität, ob man nun will oder nicht. Wer sich weigert, ordentlich zu werden, bleibt in einer seltsamen, halbgaren Pubertät befangen – er steckt im Müll und in Haufen alter Rechnungen und fragt sich, was er falsch gemacht hat.

Tipp **Wenn Sie schon die Hose auf dem Boden liegen lassen müssen, lassen Sie wenigstens nicht die Schlüssel in der Hose!**

Jeden Morgen ein gemachtes Bett

Ein Bett sollte immer sein wie aus dem Ei gepellt.

Warum soll man sein Bett machen? Es kam einem immer so sinnlos vor, vor allem, wenn Mama darauf bestand. Die Wahrheit ist aber, wer sein Bett ungemacht zurücklässt, ist quasi mit der Nacht noch nicht fertig. Selbst wenn niemand sonst Ihr Bett sieht, sehen *Sie* es doch – und Sie sind es sich selbst schuldig, Ihr Schlafzimmer beim Zubettgehen so einladend und frisch herzurichten, wie es Sie am Vorabend erwartet hat.

Ein erfolgreiches, glückliches Leben erfordert eine gewisse Liebe zum Detail. Das Bett zu machen ist ebenso wichtig wie das Zubinden der Schuhe oder Kämmen der Haare, bevor man zur Arbeit geht. Wer solche Aufgaben vernachlässigt, startet mit einem Handicap in den Tag.

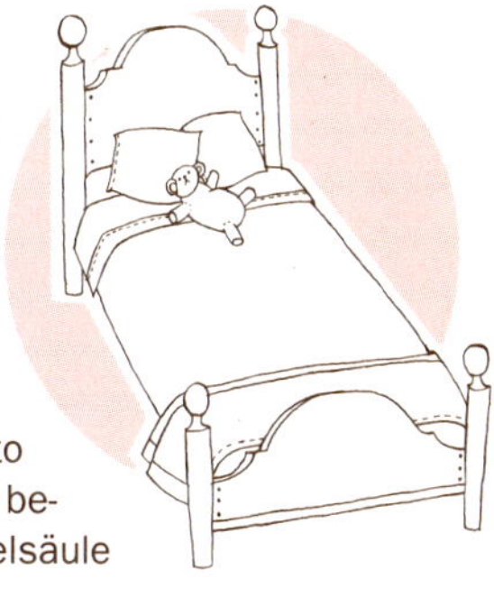

MAMA SAGT: »Bettenmachen ist kurz und schmerzlos.«

1. Vor allem die Bettausstattung einfach halten: eine Tagesdecke, robuste, aber weiche Baumwollbettwäsche (je dichter das Gewebe, desto besser, aber das ist eine Geldfrage), bequeme Kopfkissen, die die Halswirbelsäule

stützen, eine Vier-Jahreszeiten-Bettdecke oder je eine Sommer- und Winterdecke (Allergiker brauchen hypoallergene Füllungen, ansonsten geht nichts über Daunen bzw. Wolle/Seide).

2. Machen Sie das Bett, wann es Ihnen am besten passt: Sofort nach dem Aufstehen? Nach dem Duschen? Wenn Sie fertig angezogen sind?
3. Das Bettlaken glattstreichen und straffziehen.
4. Kopfkissen aufschütteln und glatt hinlegen.
5. Bettdecke aufschütteln und glatt hinlegen.
6. Tagesdecke so auflegen, dass sie rundum gleichmäßig herunterhängt, dann glattziehen.
7. Zierkissen (falls vorhanden) aufschütteln und dekorativ auf dem Bett verteilen. (Stofftiere nach Bedarf.)

Tipp **Belohnen Sie sich, wenn Sie alles in Ordnung halten – gönnen Sie sich frische Blumen oder ein neues Bild fürs Schlafzimmer.**

Zahnpflege

Zähneputzen spart Zahnarztkosten.

Sie wissen, Sie sollten. Und manchmal tun Sie's sogar. Aber wissen Sie auch, was es Sie in dreißig Jahren (oder weniger) kosten wird, wenn Sie es lassen? Fragen Sie gelegentlich mal unter Ihren älteren Bekannten nach. Aber zuerst einmal gehen wir die Grundlagen der Zahnreinigung durch.

MAMA SAGT: »Für die gründliche Zahnreinigung braucht man nur ein paar Minuten pro Tag.«

1. Ein 45 cm langes Stück Zahnseide abreißen.
2. Die Enden um die beiden Mittelfinger wickeln.
3. Zahnseide so zwischen Zeigefingern und Daumen halten, dass ein 2,5 bis 5 cm langes Stück in der Mitte bleibt. (Beim Reinigen für jeden Zahn einen sauberen Abschnitt der Zahnseide benutzen – nicht geizig sein!)
4. Zahnseide zwischen den oberen Zähnen mit den Daumen lenken.

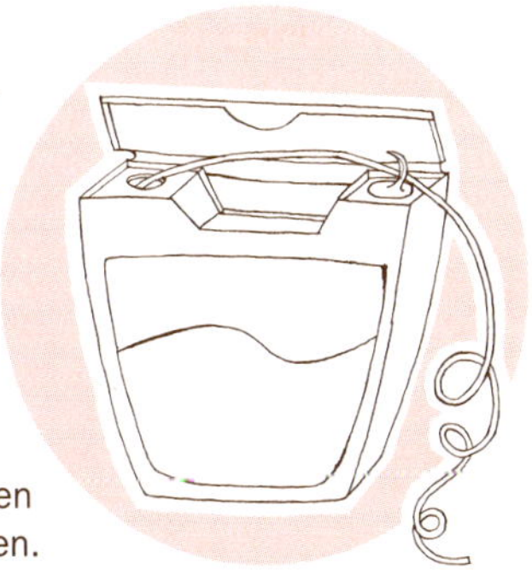

5. Zwischen den unteren Zähnen die Zahnseide mit den Zeigefingern steuern.

Nach der Reinigung mit Zahnseide werden die Zähne mit Zahnbürste und Zahnpasta geputzt – am besten mit einer weichen Zahnbürste.

1. Immer vom Zahnfleisch zum Zahnrand hin bürsten – niemals umgekehrt und schon gar nicht quer.
2. Erst die äußeren, dann die inneren Zahnflächen und zum Schluss die Kauflächen der Backenzähne putzen. Rechtshänder vernachlässigen gern die rechte, Linkshänder die linke Mundseite, weil man dort quasi mit der Rückhand putzt. Auf die entsprechende Seite also besonders konzentrieren!
3. Spülen und fertig!

Tipp **Möglichst nach jeder Mahlzeit, zumindest aber morgens nach dem Frühstück und abends vorm Schlafengehen die Zähne putzen – abends zusätzlich mit Zahnseide. Nach Genuss säurehaltiger Lebensmittel (Obst, Fruchtsäfte, Wein & Sekt, saure Süßigkeiten) wenigstens eine halbe Stunde mit dem Zähneputzen warten. Mindestens alle zwei Monate eine neue Zahnbürste in Gebrauch nehmen. Sich ein- bis zweimal im Jahr eine professionelle Zahnreinigung leisten. Zweimal jährlich zum Zahnarzt gehen – der bei so guter Pflege kaum noch etwas zu tun haben wird. Und sich den Zahnarztbesuch für die Versicherung bescheinigen lassen, falls doch einmal Zahnersatz fällig wird.**

Wer über sich selbst lacht, lacht am besten

Wenn etwas schiefgeht, werfen Sie nicht mit Gegenständen – Lachen befreit ganz ohne Sachschaden.

Wer lernt, über seine eigenen Schwächen zu lachen, verfügt über eine Fähigkeit, die ihn aus jeder Situation rettet – ob allein oder bei Verwandten, Freunden und vielleicht ganz besonders beim Partner.

Um das zu lernen, muss man die Dinge in der richtigen Perspektive sehen. Wenn man nicht gerade eine Lebertransplantation, eine Steuerprüfung oder eine Scheidung (oder etwas anderes ähnlich Grässliches) über sich ergehen lassen muss, ist mit etwas Abstand wirklich *nichts* mehr so wichtig, wie es anfangs scheint.

Zum Beispiel die Probleme mit all den Dingen, die nicht richtig funktionieren. Wie oft haben Sie schon mit Ihrem Computer geschimpft, Ihre Wut am CD-Spieler ausgelassen oder sich am Lenkrad des Wagens fast die Hand gebrochen? Ertappen Sie sich das nächste Mal rechtzeitig. Distanzieren Sie sich und hören Sie sich die wortreiche Schimpfkanonade an, die Sie aus voller Brust einem toten Gegenstand entgegenschleudern.

Wenn Sie fertig sind, spitzen Sie die Ohren: Hören Sie dieses Kichern? Es kommt von nebenan. Jemand lacht über Ihre Reaktion – und warum? Weil sie absurd ist. Sie ist wirklich komisch. Und wenn Sie einen Moment überlegen, müssen vielleicht sogar Sie lachen.

Machen Sie nicht andere für Ihre Lage verantwortlich. Niemand versucht, Sie zum Trottel zu stempeln – es gibt also keinen Grund, sich in etwas hineinzusteigern und sich aufzuregen.

Natürlich ist es leicht, über andere Leute zu lachen, aber wenn Sie sich erst einmal entspannen, ist es sogar noch leichter, über sich selbst zu lachen. Seien Sie Ihr eigenes bestes Publikum. Zumindest haben Sie dann jemanden, der Ihre Witze versteht.

Nicht auf den letzten Drücker!

> Was du heute kannst besorgen, das verschiebe nicht auf morgen.

Kommt Ihnen das bekannt vor? Es gibt jedes Jahr 364 Tage vor Weihnachten. Das ist sehr viel Zeit zum Einkaufen. Sie aber verfallen am letzten Tag in Hektik, und wenn die Läden zu früh schließen, stehen Sie dumm da.

Oder das hier: Ihr großer Report ist in zwei Monaten fällig, und Sie brennen darauf, sich zu bewähren. Aber zwei Monate sind reichlich Zeit zum Schreiben, also müssen Sie nicht sofort anfangen. Drei Filme, vier Partys und vier Kater später fühlen Sie sich immer noch nicht kreativ … im Gegenteil, Sie bekommen vielleicht eine Erkältung und lesen somit lieber ein Buch. Letztendlich bleibt Ihnen nur noch eine Woche, um Ihr Meisterwerk zu vollenden. Aber wie gut gelingt es in so kurzer Zeit? Nicht so gut, wie es hätte werden können, so viel ist klar.

Warum macht man so etwas? Meist schiebt man die Arbeiten auf die lange Bank, die einem am unangenehmsten sind. Durch Aufschieben erledigen sie sich aber auch nicht und werden ganz bestimmt nicht erfreulicher. Im Gegenteil, sie werden noch *unerfreulicher*, außerdem stressig und schließlich fast unmöglich.

Wer die meisten Aufgaben so angeht, ist entweder ein Adrenalin-Junkie oder sehr, sehr müde. Es ist nicht leicht, in ständigem Notstand gut zu leben. Aufschieben ist keine Entscheidung, sondern eine Zwangshandlung.

Wie alle schlechten Angewohnheiten ist auch diese schwer abzulegen, besonders ohne Zwölf-Punkte-Programm. Aber beißen Sie die Zähne zusammen und tun Sie es – jetzt.

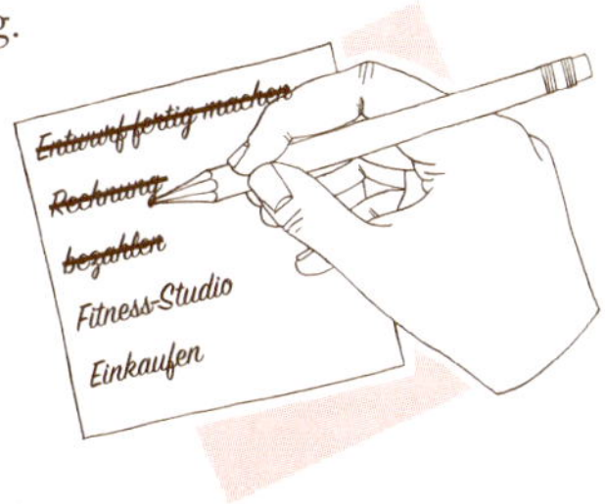

MAMA SAGT: »Abwarten ist Zeitverschwendung.«

1. Erkennen Sie zunächst die Denkmuster, die hinter Ihrer Aufschieberei stecken. Haben Sie Angst, es nicht richtig zu machen? Wissen Sie nicht, wo Sie anfangen sollen? Machen Sie sich Sorgen, nicht perfekt zu sein?

2. Sobald Sie wissen, was Sie bremst, erinnern Sie sich daran, dass Sie schon viele schwere Aufgaben gemeistert haben. Wissen Sie noch, wie befriedigend es war, als Sie es endlich geschafft hatten? Konzentrieren Sie sich auf Ihre Erfolge, nicht auf Ihre Misserfolge.

3. Machen Sie eine Prioritätenliste. Schauen Sie in den Kalender und stellen Sie einen realistischen Zeitplan für die Arbeit auf. Portionieren Sie die Arbeitstage in »handhabbare« Zeitabschnitte und kleinere Aufgaben und tragen Sie jede Aufgabe mit Bleistift in einem separaten Kästchen ein. (Immer mit Bleistift schreiben, damit man die Liste im Laufe der Arbeit abändern kann.)

4. Gestalten Sie Ihren Arbeitsplatz so effizient und bequem wie möglich (aber nicht zu bequem). Falls Sie zu Hause arbeiten, sorgen Sie für anständige Beleuchtung und eine ordentliche Arbeitsfläche. Legen Sie alles Werkzeug griffbereit, damit Sie keine Ausrede haben, aufzustehen und den Rhythmus zu unterbrechen.

5. Belohnen Sie sich, wenn Sie eine Aufgabe erledigt haben. Streichen Sie zuerst die Arbeit aus Ihrem Zeitplan – es gibt nichts Befriedigenderes. Dann überlegen Sie sich eine Belohnung: einen Abend mit Freunden? einen Besuch im Fitnessstudio? eine Tasse (oder ein Glas) Ihres Lieblingsgetränks? Sie haben es sich verdient!

Kontostand – stets bekannt

Ein ausgeglichenes Bankkonto sorgt für ausgeglichene Stimmung.

Wissen Sie, wo Ihr Geld bleibt? Versuchen Sie, Ihre Ausgaben eine Woche lang genau zu verfolgen. Sie werden wahrscheinlich staunen, wie viel Sie tatsächlich für Kaffee, Imbisse, Unterhaltung und diverse Freizeitaktivitäten ausgeben. Die gute Nachricht: Einteilung bedeutet nicht den Verzicht auf alles, was einem lieb ist. Man muss nur besser planen.

Mama sagt: »Eine realistische Einteilung zahlt sich auf lange Sicht aus.«

1. Berechnen Sie Ihr monatliches Gesamteinkommen bis zur letzten Dezimalstelle.
2. Berechnen Sie Ihre durchschnittlichen monatlichen Festkosten (Miete, Heizung, Strom, Wasser, Autoversicherung, Telefon, Lebensmittel, Drogerieartikel etc.) und ziehen Sie diese Summe vom monatlichen Gesamteinkommen ab. Was übrig bleibt, ist die Höchstsumme, die Sie pro Monat zu Ihrem Vergnügen ausgeben können. (Wenn Sie häufig zu viel ausgeben, könnten Sie in eine Kostenspirale geraten. Erkennen Sie das Problem jetzt und ersticken Sie es im Keim; damit sparen Sie eine Menge Geld und Ärger.)

3. Bevor Sie anfangen, Ihr gesamtes »Spielgeld« auszugeben, überweisen Sie zehn Prozent Ihres Monatseinkommens auf ein Sparkonto, am besten auf eines, das hohe Zinsen bringt. Da sich die Zinsen täglich ändern, sollten Sie einige Zeit die Sätze mehrerer Banken beobachten, um die beste Wahl zu treffen. Und vergessen Sie nicht, sich nach den Gebühren und Überziehungszinsen zu erkundigen. Es ist praktisch, Giro- und Sparkonto bei derselben Bank zu haben, aber sehen Sie sich auch im Internet um, damit Ihnen keine Verdienstmöglichkeit entgeht.

4. Behalten Sie Ihr Girokonto im Griff. Überlassen Sie nichts dem Zufall und der Bank. Bevor Sie Schecks ausschreiben oder Ihre Kreditkarte benutzen, sollten Sie telefonisch, am Geldautomaten oder im Internet Ihren Kontostand abfragen. Vergleichen Sie dann den aktuellen Kontostand mit dem letzten Kontoauszug, damit Sie wissen, was für Kontobewegungen seitdem stattgefunden haben. Notieren Sie sich jede Kartenzahlung, vergleichen Sie diese Angaben mit Ihren Kontoauszügen und haken Sie ab, welche Zahlungen abgebucht wurden.

5. Quittungen und alle Belege von elektronischen Zahlungen aufbewahren. Wenn Sie Ihr Konto jeden Monat fast vollständig plündern, können Sie sich teure Ausrutscher nicht leisten.

Der nicht immer aktuelle Kontostand

Falls Sie häufig Ihre Kreditkarte benutzen, dürfen Sie Ihren »aktuellen Kontostand« nicht für bare Münze nehmen. Oft sind darin neuere Zahlungen noch nicht berücksichtigt.

Warum nicht? Ihre Kreditkartenkäufe werden der Bank noch am Kauftag elektronisch gemeldet und von Ihrem Konto eingezogen. Am nächsten Tag aber – oder sogar erst Tage später – gerät dieser Kauf in ein seltsames Zwischenreich: Das Geld kann sogar wie durch Zauberhand wieder auf Ihrem Konto erscheinen. Das liegt daran, dass die Transaktion, solange Ihre Unterschrift noch nicht bei der Bank eingetroffen ist, rein theoretisch nicht erfolgt ist und das Geld noch nicht von Ihrem Konto abgebucht wird. Ein bis zwei Zahlungen können jederzeit in diesem Zwischenreich hängen und noch nicht von Ihrem Kontostand abgezogen sein.

Um mit dieser Ungewissheit umzugehen, sollte man alle Transaktionen berücksichtigen, die eventuell noch nicht abgebucht sind, und sich ein ausreichendes Polster lassen, damit das Konto nicht ins Minus rutscht.

6. Niemals ungedeckte Schecks ausstellen. Das beschädigt Ihre Kreditwürdigkeit auf Jahre und kommt immer heraus, wenn Sie größere Anschaffungen tätigen wollen. Sobald Zweifel an Ihrer Kreditwürdigkeit bestehen, drohen Ihnen Schwierigkeiten.

7. Zahlen Sie alle Ihre Rechnungen (per Überweisung oder elektronisch) jeden Monat zur selben Zeit. So behalten Sie den Überblick, wie viel »Spielgeld« Sie noch auf dem Konto zur Verfügung haben. Auf diese Weise geht Ihnen das Geld nicht aus, bevor eine unerwartete Rechnung fällig wird – und Sie ersparen sich Überziehungsgebühren und mangelnde Kreditwürdigkeit.

8. Holen Sie einmal jährlich eine Bonitätsauskunft über sich selbst ein. Sehen Sie der Sache ins Auge, wie unangenehm (und teuer) das auch sein mag. Eine Bonitätsauskunft hilft Ihnen bei der Schadensbegrenzung, Sie können Ihr Budget entsprechend neu kalkulieren und vor allem herausfinden, ob Sie Opfer irgendwelcher Betrüger geworden sind. Diesen besonders abscheulichen Betrug stoppt man am besten so bald wie möglich, damit er die eigene Kreditwürdigkeit nicht beschädigt.

Tipp

Wenn Sie glauben, Ihnen könnte ein solcher Betrug nicht passieren, überlegen Sie noch mal: Sie kennen doch diese Kreditangebote, die einem ständig ins Haus flattern – die Sorte, die Sie nie in Anspruch nehmen würden? Ein Betrüger durchwühlt womöglich Ihr Altpapier, trägt die nötigen Informationen zusammen und lässt sich diesen Kredit unter Ihrem Namen bewilligen. Alle Käufe würden in Ihrem Namen getätigt – aber natürlich würden Sie das erst erfahren, wenn die ersten Mahnungen eintreffen. Wenn Sie sehr hart und beständig arbeiten, können Sie den Schaden wiedergutmachen … in ein paar Jahren. Eine viel bessere Methode: Besorgen Sie sich einen Schredder und gewöhnen Sie sich an, diese Angebote sofort zu zerkleinern, nachdem Sie sie geöffnet haben.

Autoatlas und Taschenlampe (und mehr) sind immer an Bord

Wenn es um die Notausrüstung des Autos geht, sollte man auf das Schlimmste vorbereitet sein.

Sobald Sie Ihren Führerschein hatten, schien Mama beständig zu glauben, es könne Ihnen alles mögliche Furchtbare zustoßen. Sie haben jedes Mal genickt und gelächelt, wenn sie wissen wollte, ob Sie eine Taschenlampe im Handschuhfach hätten, ob das Reserverad in Ordnung sei oder ob Sie wüssten, wo Ihr Warndreieck steckt.

Natürlich hat man als Teenager trotz Lächeln und Nicken (und Augenverdrehen) keineswegs vor, irgendeinen mütterlichen Rat zu befolgen. Und das ist schade. Die Erkenntnis, dass Mama richtig lag und man selbst irrte, kann ganz schön weh tun, besonders wenn man mitten in der Nacht in der Pampa liegen bleibt und versucht, im Stockfinstern einen Reifen zu wechseln.

Heutzutage liegt Mama das Handy am meisten am Herzen. Es ist der wichtigste Ausrüstungsgegenstand beim Autofahren, vor allem nachts oder auf unbekannten Straßen. Aber auch ein Autoatlas und eine Taschenlampe können nie schaden – so wenig wie Mamas andere Vorschläge.

MAMA SAGT: »Achte darauf, dass dein Auto immer gut ausgestattet ist.«

1. **Papiertaschentücher.** Wer diese kleinen Pakete ins Handschuhfach legt, wird staunen, wie viele er davon in einer Woche verbraucht. Besonders praktisch sind sie, wenn man zum Fast Food keine Servietten bekommt, Ölflecken an den Händen hat oder wenn die Windschutzscheibe verschmiert ist.
2. **Warndreieck und Schutzweste.** Darauf besteht nicht nur Mama – wenn diese Teile nicht im Kofferraum liegen, setzt es bei der Verkehrskontrolle ein Knöllchen. Sie werden dankbar sein, dass Sie sie haben, damit Sie während einer Panne bei schlechter Sicht nicht über den Haufen gefahren werden.
3. **Ausrüstung für den Reifenwechsel.** Dazu gehören ein Wagenheber und ein Reserverad (und eine Ersatzbluse). Die Technik sollte einem vertraut sein – wer noch nicht gelernt hat, einen Reifen zu wechseln, sollte bei einem kundigen Freund oder dem freundlichen Mechaniker aus der Werkstatt einen Schnellkurs nehmen.
4. **Starthilfekabel.** Man weiß nie, wann und wo einem eine leere Batterie beschert wird, es lohnt sich also, ein Starthilfekabel zu kaufen. (Abschleppfirmen lassen sich ihre Starthilfe teuer bezahlen, und der nette Mensch, der Ihnen helfen möchte, hat vielleicht keines dabei.)
5. **Im Kofferraum.** Reinigungsflüssigkeit für die Scheibenwischer, Motoröl, Schmieröl und einen leeren Benzinkanister sollte man immer im Kofferraum haben. Dorthin gehört auch ein Verbandkasten mit Schmerzmittel, Schere, Mull, Heftpflastern, Desinfektionsmittel, Brandsalbe, selbstklebenden Bandagen in mehreren Größen und einer vakuumverpackten Rettungsdecke. (Solche Sets gibt es im Autozubehörhandel und in Baumärkten.) Noch ein paar Flaschen Wasser, und die Grundausstattung ist komplett.

Voilà! Sie fahren ein Auto à la Mama. Ist doch gar nicht so schlimm, oder?

Tipp **Bei Fahrten im Winter oder in unwegsamen Gebirgsgegenden Ausrüstung für Regen und Kälte mitnehmen, dazu Schneeketten, einen Eiskratzer, eine zusammenklappbare Schneeschaufel, ein batteriebetriebenes Radio und Frostschutzmittel.**

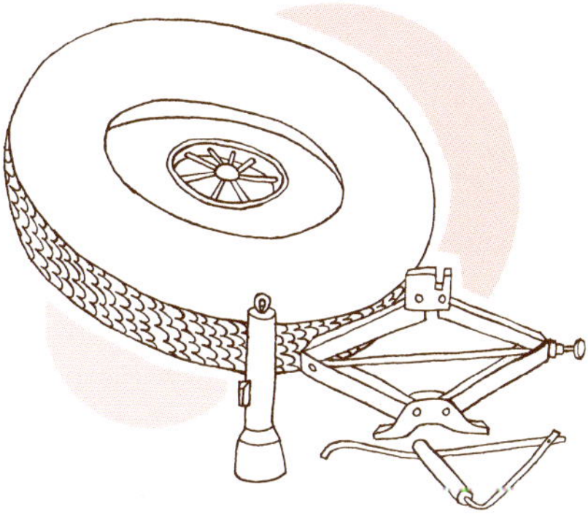

Gegessen wird im Sitzen

Wer sein Essen genießt, hat mehr davon.

Wir essen im Gehen, wir essen im Stehen, wir essen im Auto und im Bett. Aber wann haben Sie sich das letzte Mal zu Hause zum Essen hingesetzt? Nicht aufs Sofa vor den Fernseher – sondern tatsächlich auf einen Stuhl an den Tisch? Wenn Sie darüber erst nachdenken müssen, ist es vermutlich zu lange her.

Anders als Mama nehmen Sie Essen und Essgewohnheiten wahrscheinlich nicht sonderlich ernst. Das heißt zwar nicht unbedingt, dass Sie zu essen *vergessen*, aber regelmäßige Mahlzeiten genießen nicht oberste Priorität. Und meist sind auch gar keine möglich – dazu sind Sie viel zu beschäftigt.

Wenn Sie ein Restaurant besuchen und sich zum Essen hinsetzen, empfinden Sie das als etwas Besonderes. So lange an einem Platz zu sitzen, bis man mehrere Gänge verzehrt hat, ohne dass irgendetwas blitzt oder piept oder Sie vom Essen ablenkt, ist eine erfrischende Abwechslung. Die Frage ist nur, warum tun Sie das nicht öfter?

Es steht Ihnen frei, das Essen zu Hause als besonderen Anlass zu gestalten. Verwöhnen Sie sich – kaufen Sie eine Tischdecke! Oder schöne Servietten – warum nicht? Schenken Sie sich Mineralwasser in ein besonders hübsches Weinglas. Holen Sie das richtige Geschirr heraus – nicht das Fast-Food-Pappgeschirr – und decken Sie sich den Tisch. Nehmen Sie sich einen Stuhl, ignorieren Sie eine Zeitlang das Telefon, schalten Sie ab von der Außenwelt und essen Sie in Ruhe (Rezepte siehe Seite 91–99). Das Lümmeln auf dem Sofa können Sie sich für den Nachtisch aufheben.

Tipp **Hier und da ein Häppchen ist eine wunderbare Methode, Kalorien zu sich zu nehmen, ohne darüber nachdenken zu müssen. Andererseits vernachlässigt man so seine Gesundheit, die man in Stresszeiten dringend benötigt. Proteindrinks und Fitnessriegel sind kein wirklich wertvoller Nahrungsersatz, ganz gleich, was auf dem Etikett steht. Man kann noch so viel davon essen, solche Snacks haben keinen echten Nutzen. Versuchen Sie das Beste aus Ihren Mahlzeiten zu machen und kochen Sie einfache, ausgewogene Rezepte nach. Sie und Ihr Körper werden damit auf lange Sicht sehr viel glücklicher sein.**

2. Kapitel: Gesundheit und Hygiene

Von Arztbesuch bis Zehennägel – Mama hat zu jedem Aspekt unseres körperlichen Wohlergehens eine Meinung. In diesem Kapitel lassen wir all die nervigen Weisheiten und Vorschläge, die uns immer so aufgebracht haben, noch einmal Revue passieren. Muss man sich wirklich wie besessen die Hände waschen, um Erkältungen vorzubeugen? Sind Vitamine wirklich so unentbehrlich? Ist Hühnersuppe wirklich so gut wie Penicillin? Ist Mamas Rat wirklich so gut wie der des Arztes?

Oder vielleicht sogar besser?

Vitamine sind lebenswichtig

Wer keine Zeit hat, sich richtig zu ernähren, sollte täglich Multivitaminpräparate nehmen.

Lange Zeit haben Ärzte misstrauisch auf Vitamine als Nahrungsergänzung geschielt. Einige schrieben sie als Wunschdenken ab, andere zuckten die Achseln und meinten, sie könnten zumindest nicht schaden. Mama hingegen schien wirklich daran zu glauben, dass diese Säfte und Tabletten uns gesund erhalten. Und tatsächlich, Mama hatte Recht, besonders in Anbetracht dessen, was man uns heutzutage in unserer schnelllebigen Welt des Fast Food und der Diätpräparate als Nahrungsmittel verkauft.

Forscher sind zwar immer noch der Meinung, bei ausgewogener Ernährung brauche man keine Ergänzungsmittel. Aber die Kluft zwischen der empfohlenen »ausgewogenen Ernährung« und der Realität ist bisweilen riesig, sosehr man sich auch um gesundes Essen bemüht. Und wer nicht gerade Mönch oder Leistungssportler ist, entzieht seinem Körper vermutlich auf die eine oder andere Art Nährstoffe. Trinken, Rauchen, Aspirin oder Antibiotika sowie Schwangerschaften schwächen den Organismus und sorgen für einen erhöhten Bedarf an Zusatzstoffen. Aber welche sollte man nehmen?

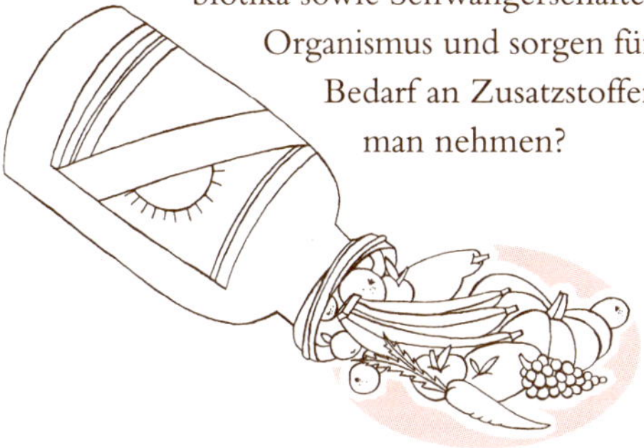

MAMA SAGT: »Lies die Etiketten und nimm das Vitamin, das deinen Bedarf am besten deckt.«

1. Antioxidantien – Vitamin C und E – sind für den Organismus am wichtigsten, weil sie freie Radikale bekämpfen (ionisierte Moleküle, die die Zellen schädigen und krebserregend wirken können); die Tagesration sollte 250 bis 500 Milligramm Vitamin C und 200 bis 800 Einheiten Vitamin E betragen.

2. Auch 6 bis 15 Milligramm Betacarotin sind hilfreich – aber nur, wenn man nicht raucht. Den Grund kennt man noch nicht, aber bei Rauchern erhöht Betacarotin das Lungenkrebsrisiko.
3. Außerdem sollte das Vitaminpräparat die empfohlenen Mengen Vitamin A (180 Mikrogramm), Eisen (15 Milligramm) und Calcium (je mehr, desto besser, bis zu 2.500 Mikrogramm) enthalten. Schwangere sollten darauf achten, genügend Folsäure zu sich zu nehmen.

Im Allgemeinen stellen die Hersteller sicher, dass die Menge der Vitamine, Mineralien und vielsilbigen Verbindungen in ihren Multivitaminpräparaten die verträgliche Dosis nicht überschreitet. Aber Vorsicht vor Überdosierung! Vitamin A und D sind in großen Dosen giftig, und auch Niacin kann gefährliche Nebenwirkungen auslösen. Calcium kann, in zu großen Mengen eingenommen, zur Nierensteinbildung führen und die Aufnahme von Eisen, Zink und anderen wichtigen Spurenelementen verhindern.

Das Haltbarkeitsdatum ist ernst gemeint!

Einer der grundsätzlichen Unterschiede zwischen Mamas Hausapotheke und Ihrer (außer Mamas Tube Hämorrhoidensalbe und Ihrer Aknelotion) besteht darin, dass Mamas sämtliche Pillen, Flaschen und Tuben noch bis in einige Zukunft haltbar sind, während Ihre schon fast das Einschulungsalter erreicht haben.

Wie wichtig sind diese Daten tatsächlich? Wenn man ein Vitamin einnimmt, dessen Haltbarkeitsdatum seit sechs Monaten abgelaufen ist, wirkt es dann noch? Kann es schaden? Im Zweifel: ja, es wirkt noch. Und nein, es schadet nicht. Aber es ist auch nur ein Vitamin. Bei abgelaufenen Antibiotika kann die Sache dagegen gefährlich werden.

Die meisten Medikamente sind auch noch Monate, wenn nicht Jahre nach Ablauf des Haltbarkeitsdatums brauchbar. Aber juristisch gesehen nimmt man sie nach diesem Termin auf eigene Gefahr. Die Hersteller müssen die Sicherheit und Wirksamkeit ihrer Produkte lediglich für diesen Zeitraum garantieren, und die meisten Medikamente werden nur über ein oder zwei Jahre getestet. Wie sie nach längerer Zeit wirken, weiß man einfach nicht.

Wenn in Ihrer Hausapotheke also Überfüllung herrscht, ist es wahrscheinlich Zeit, alte Packungen auszusortieren.

Tipp **Man kann Medikamenten nichts Schlimmeres antun, als sie im Badezimmer aufzubewahren. Viele Präparate verlieren an Wirksamkeit, wenn sie Wärme und Feuchtigkeit ausgesetzt sind, und das Bad ist meist der wärmste, feuchteste Raum im Haus. Im Idealfall lagert man die Medikamente an einem kühlen, dunklen, trockenen Ort und außer Reichweite von Kindern – etwa in einem hoch gelegenen, am besten abschließbaren Schrankfach.**

Gefährliche Grapefruit

Und nun etwas, das Mama wohl nicht weiß: Nehmen Sie niemals Medikamente in Verbindung mit Grapefruitsaft ein. Ärzte raten sogar, manche Medikamente noch drei Tage nach dem Trinken von Grapefruitsaft nicht einzunehmen.

Ob frisch, tiefgefroren oder aus der Flasche, Grapefruitsaft enthält mehrere chemische Verbindungen, die die Medikamentenaufnahme des Körpers beeinflussen. In Kombination mit etlichen Medikamenten kann ein einziges Glas Grapefruitsaft (0,25 l) die Wirkung des Mittels verstärken und zu gefährlichen Reaktionen führen. Der Effekt ist mitunter sogar lebensbedrohlich. Sollten Sie also jemals Medikamente gegen Angstzustände, Depressionen, Bluthochdruck, HIV, Herzrhythmusstörungen, Infektionen, Psychosen, hohe Cholesterinwerte oder Erektionsstörungen nehmen, hüten Sie sich vor Grapefruitsaft.

Krieg den Bakterien oder Wie man seine Hände sauber hält

Regelmäßig vor dem Essen – Händewaschen nicht vergessen

Mittlerweile hat sich herausgestellt, dass Mamas Fixierung aufs Händewaschen sogar noch berechtigter war, als sie dachte. Fahren Sie mit dem Bus? Mit dem Zug? Mit der U-Bahn? Wenn Sie sich nicht an den Griffen festhalten, landen Sie bei Wildfremden auf dem Schoß. Aber jedes Mal, wenn Sie einen öffentlichen Raum betreten, vor allem einen, der Räder hat und sich in unberechenbarer Weise bewegt, greifen Sie dorthin, wo vor Ihnen schon Tausende von Händen hingefasst haben.

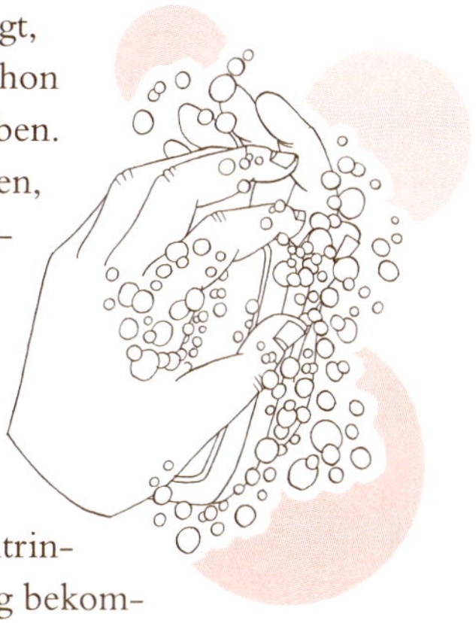

Erkältungen werden durch Husten, Niesen – und durch die Finger übertragen: Sobald man sich die Augen oder die Nase reibt, riskiert man, seinem Organismus eine ganze Palette von Viren zuzuführen. Und hat der Virus erst einmal die obere Nasenhöhle erreicht, gibt es kein Entrinnen mehr. Sie werden eine Erkältung bekommen.

Ihre Finger sind nämlich potenzielle Träger für Hunderte von ansteckenden Erkrankungen, die durch Luft oder Flüssigkeit übertragen werden: von Grippe über Bindehautentzündung bis zu Tuberkulose. Das gilt vor allem in Gefahrenzonen wie Krankenhäusern, Flugzeugen und Kindergärten. (TB gehört zu den weltweit am meisten verbreiteten Infektionen: Dem Arbeitsministerium der USA zufolge ist bereits ein Drittel der Weltbevölkerung infiziert.)

MAMA SAGT: »Ein Hauch von Vorbeugung nützt mehr als eine Familienpackung Tempotücher.«

1. Hände mit warmem fließendem Wasser anfeuchten.
2. Hände gründlich mit antibakterieller Seife einseifen, dazu etwa zehn Sekunden die Hände aneinanderreiben (ohne Wasser).
3. Handrücken, Handflächen und Fingerzwischenräume einseifen.
4. Hände gründlich unter warmem fließendem Wasser abspülen.

Tipp **Waschen Sie sich die Hände, wenn Sie mit dem Bus gefahren sind, eine öffentliche Telefonzelle oder eine gemeinsame Computertastatur benutzt haben. Waschen Sie sich die Hände, bevor Sie sich über Ihre Frittentüte hermachen. Wer sein Essen im Drive-in oder auf der Straße zu sich nimmt, sollte immer eine antibakterielle Lotion oder entsprechende Waschtücher im Auto haben.**

Kälte und Erkältung

Wer sich nicht warm genug anzieht, holt sich eine Erkältung.

Hier hat Mama Glück gehabt. Es gibt zwar keinen direkten Zusammenhang zwischen Kälte und Erkältung, doch dank einiger Eigenheiten von Erkältungsviren sieht es danach aus.

Erkältungsviren mögen noch so hartnäckig und effizient sein, sobald sie sich in unserem Organismus festgesetzt haben, auf sich allein gestellt sind sie jedoch sehr anfällig. Man kennt über 200 Viren, die Erkältungen auslösen, und ihre Lebensdauer hängt davon ab, wann sie auf die Welt losgelassen werden. Rhinoviren (der Name verrät bereits, welcher Körperteil hier in Mitleidenschaft gezogen ist) sind für etwa ein Drittel aller Erkältungen bei Erwachsenen verantwortlich und gedeihen im Frühherbst, Frühjahr und Sommer am besten. Die meisten Erkältungen werden jedoch von winterliebenden Erregerstämmen ausgelöst, die in Zeiten geringer Luftfeuchtigkeit aktiv sind.

Dass die Menschen sich erkälten, wenn es kalt ist, liegt also einfach daran, dass dann mehr Erkältungen im Umlauf sind. Und Mama hatte

Recht, als sie darauf bestand, dass wir Handschuhe anziehen – je weniger Keime die Finger aufnehmen, desto geringer ist die Wahrscheinlichkeit, dass diese auf die Schleimhäute gelangen.

Packen Sie sich gut ein, wenn es draußen kalt ist, denn in solchem Wetter gedeihen Bakterien am besten. Und packen Sie sich auch gut ein, wenn es gar nicht kühl ist – das beruhigt Mama.

Ist es eine Nebenhöhlenentzündung?

Vorsicht! Aus der Erkältung könnte etwas Ernsteres werden.

Die Nebenhöhlenentzündung ist eine der am weitesten verbreiteten Erkrankungen, vor allem für Stadtbewohner, die mit schlechter Luftqualität und Abgasen leben müssen. Die Symptome erscheinen zwar häufig eher lästig als gefährlich, aber eine unbehandelte Nebenhöhlenentzündung kann ausgesprochen gefährlich werden. In ihrer akuten Form tritt eine Sinusinfektion häufig als letztes Stadium einer Erkältung oder Grippe auf.

MAMA SAGT: »Achte auf die Infektionssymptome.«

1. Das Nasensekret (d.h. Rotz) kann sich grünlich, gelblich oder blutig verfärben.
2. Es können Kopfschmerzen hinter Augen, Nase und Stirn auftreten.
3. Bisweilen stinkt die infizierte Nase an den Innenseiten nach Mist oder Schweißfüßen.
4. Eine unbehandelte Nebenhöhlenentzündung entwickelt sich meist zur Bronchitis.
5. Die Nebenhöhlenentzündung schwächt das Immunsystem und macht anfälliger für andere Krankheiten.
6. In Stresssituationen kann eine Nebenhöhlenentzündung sogar Depressionen auslösen.

Die Symptome einer Nebenhöhlenentzündung lassen sich mit entzündungshemmenden oder abschwellenden Medikamenten behandeln, will man sie aber wirklich niederschlagen, braucht man eine kurze Kur mit Antibiotika. Antibiotika sollte man zwar nicht häufiger nehmen als unbedingt nötig, es gibt aber mittlerweile eine neue Generation, die besonders und fast ausschließlich dieses Bakterium bekämpft – so dass der Körper im Ernstfall immer noch auf ein lebensrettendes, hochwirksames Medikament wie Penicillin anspricht.

Geheimtipp Hühnersuppe

> Wer seine Hühnersuppe isst, fühlt sich besser
> in null Komma nichts.

Schon seit mindestens 900 Jahren sind die Heilkräfte von Hühnersuppe bekannt, werden genutzt und von den Vertretern der Schulmedizin mit Argwohn betrachtet. Die erste Verwendung von Hühnersuppe als Medikament ist aus dem 12. Jahrhundert überliefert; damals verschrieb der jüdische Arzt Moses Maimonides sie gegen Erkältung und Asthma, und diese Tradition lebt bis heute ungebrochen fort.

In den 1970er Jahren untersuchten Ärzte die Heilwirkung von Hühnersuppe näher und kamen zu dem Ergebnis, es müsse am Dampf liegen. Das war jedoch nicht viel präziser, als hätte man ihr gleich magische Kräfte zugeschrieben; deshalb wurde der Fall in jüngster Zeit in mehreren Studien untersucht.

Die Ergebnisse haben Erstaunen ausgelöst. Es stellte sich heraus, dass Hühnersuppe tatsächlich »medikamentöse« Wirkstoffe enthält, die entzündungshemmend wirken. Anscheinend hemmt die Suppe die Vermehrung bestimmter weißer Blutkörperchen, so genannter »Neutrophile« – wodurch die Bronchien nicht so stark anschwellen und man deutlich weniger hustet.

Das *Warum* bleibt bis heute ein Rätsel. In einer Studie wurde die Suppe 200-fach verdünnt und brachte immer noch das gleiche Ergebnis.

In einer anderen fügte man bestimmte Kombinationen von Kräutern und Gemüsen hinzu (Pastinaken, Süßkartoffeln), um deren Auswirkung auf die Mischung zu erforschen, und es machte nicht den geringsten Unterschied. Tatsächlich schien Hühnersuppe aus der Dose die Vermehrung der weißen Blutkörperchen genauso gut zu stoppen.

Während sich also die Ärzteschaft am Kopf kratzt und sich kollektiv räuspert, hat Mama wieder Gelegenheit, ihren Lieblingsspruch anzubringen: »Das hab ich dir doch gleich gesagt.«

Dosensuppe mag zwar dieselbe medizinische Wirkung haben, schmeckt aber bestimmt lange nicht so gut wie eine selbstgekochte Brühe. Wenn Ihre Erkältungssymptome Sie also noch nicht völlig umgeworfen haben, kaufen Sie sich ein Huhn. Gegen Ingwer, Curry und die magischen Eigenschaften einer Hühnerbrühe hat Ihre laufende Nase keine Chance!

Mamas extraleckere Hühnersuppe

für 4 Personen

- 1 kleines Huhn, in Stücke geteilt
- 1 TL Salz
- 1 TL Currypulver
- 185 g Ingwerwurzel (in Scheiben oder grob geraspelt)
- 185 g Reis (weiß oder braun)
- 3 große Karotten in Scheiben
- 1 mittelgroße Zwiebel in Scheiben oder feinen Streifen
- 3 Stangen Staudensellerie, gehackt
- ½ TL Pfeffer

1. Huhn in einen großen Topf legen und Wasser zugießen, bis das Fleisch bedeckt ist.
2. Salz, Curry und Ingwer hinzufügen.
3. Wasser zum Kochen bringen; ca. 30 Minuten weiterkochen bzw. bis sich das Fleisch von den Knochen zu lösen beginnt.
4. Huhn aus dem Topf nehmen.
5. Brühe im Kühlschrank abkühlen lassen, bis das Fett oben schwimmt.
6. Fett mit Löffel abschöpfen und Ingwer herausnehmen.
7. Hühnerfleisch kleinschneiden und mit Reis, Gemüse, Pfeffer und noch einer Prise Salz in die abgekühlte Brühe geben. Wer es scharf mag, fügt noch etwas fein geraspelte Ingwerwurzel hinzu.
8. Suppe aufkochen und ca. 30 Minuten köcheln lassen, bis das Gemüse die gewünschte Konsistenz hat und der Reis gar ist.

Noch mehr Hausmittel von Mama

Wer sich nicht wohlfühlt, braucht ein bisschen mehr Pflege und Fürsorge.

Hühnersuppe ist nicht die einzige Waffe aus Mamas Arsenal. Wer sich demnächst einmal lausig fühlt, sollte eine dieser bewährten Kuren ausprobieren.

MAMA SAGT: »Kleine Tröstungen – große Wirkung.«

Zur schnellen Aufmunterung (bei Müdigkeit oder Erschöpfung): *Ingwermilch*. Ein kleines Stück Ingwer reiben und in eine Tasse Milch oder Sojamilch geben. Einen Löffel Zuckerrübensirup hinzufügen und ca. 1 Minute in der Mikrowelle erhitzen oder unter gründlichem Rühren in einem Topf auf dem Herd warm machen. Vor dem Trinken umrühren.

Bei Verstopfung: *Ingwerlimonade.* 2 EL geriebenen Ingwer einige Minuten in einem mittelgroßen Topf mit kochendem Wasser ziehen lassen, dann Wasser abkühlen lassen (oder den Vorgang im Kühlschrank beschleunigen). Frische Zitronen auspressen und den Saft zum Wasser geben (einen Teil Saft auf drei Teile Wasser). Mit einem Löffel Honig oder Zucker abschmecken.

Bei Halsschmerzen: *Speiseeis.* Es kommt nicht auf die Sorte an, sondern auf die Kälte – also verputzen Sie nach Herzenslust Ihre Lieblingssorte. Wer hustet, sollte aber auf Nusseis verzichten: Es kann Hustenreiz auslösen.

Bei Übelkeit: *Abgestandene Cola.* Cola bei Zimmertemperatur stehen lassen, bis die Kohlensäure entwichen ist. Langsam trinken und mit einem Glas Wasser nachspülen.

Für gereizte Haut: *Hausgemachte Gesundheitsmaske.* In einer kleinen Schüssel 50 g trockene Tonerde mit einem Spritzer Aloe-vera-Saft und je 1 EL Apfelessig und Zuckerrübensirup vermischen. Schnell mit Löffel oder Rührstab verrühren, bis die Mischung eine feuchte, schlammartige Konsistenz hat. Eine dünne Schicht aufs Gesicht auftragen und trocknen lassen. Mit Waschlappen und warmem Wasser abnehmen.

Wenn Mama überfragt ist: Zeit, zum Arzt zu gehen

> Wenn es in zwei Tagen nicht überstanden ist, ist immer noch Zeit, sich Sorgen zu machen.

Statistisch gesehen wird nur ein winziger Prozentsatz aller Kopfschmerzen von Hirntumoren oder Aneurysmen ausgelöst. Weniger als zwei Prozent aller verdächtig aussehenden Leberflecken sind bösartige Melanome. Schmerzen in der Brust sind meist auf Magenverstimmungen zurückzuführen, und Herzrasen stellt sich häufig als Speiseröhrenkrampf heraus.

Wohl fast jeden zweiten Tag wacht man mit seltsamen Hautflecken oder geschwollenen Drüsen oder anhaltenden und unerklärlichen Unterleibsschmerzen auf. Wahrscheinlich ist es nichts, aber es könnte auch tödlich sein. Woher weiß man also, wann Panik angesagt ist?

Warten Sie zwei Tage. Wenn die Symptome verschwinden, haben Sie sich die Qual schlafloser Nächte und herablassender Ärzte erspart. Hat sich nach zwei Tagen nichts geändert, ist es Zeit, einen Arzttermin zu vereinbaren.

Warnung: Warten Sie nicht, wenn Sie starke, stechende Schmerzen rechts unten im Unterleib verspüren – besonders wenn Sie Ihren Blinddarm noch haben.

Tipp **Wenn Sie besonders schlimme Kopfschmerzen haben, beugen Sie den Kopf nach vorn: Wenn dabei die Schmerzen nicht schlimmer werden, haben Sie wahrscheinlich nichts Schlimmeres als Kopfschmerzen – und nicht, wie Sie befürchtet hatten, ein Aneurysma.**

MAMA SAGT: »Tu, was der Arzt dir sagt – jedenfalls meistens.«

Niemand geht gern zum Arzt – es kommt einer Kapitulation gleich. Aber wenn der Hals schmerzt und die Kehle komische weiße Flecken aufweist, hat man vermutlich eine Halsentzündung – und der ist mit frei verkäuflichen Medikamenten einfach nicht beizukommen. Und dieser hartnäckige Husten, der auf eine Bronchitis oder beginnende Lungenentzündung hindeuten könnte, wird bei ärztlicher Behandlung eine Woche andauern, aber drei Wochen, wenn man sich mit Hustensaft begnügt.

So verbreitet es ist, dass Patienten einfach keine professionelle Hilfe in Anspruch nehmen, so verbreitet ist es nach Auskunft von Ärzten, dass Patienten zu ihnen kommen, sich kopfnickend ihre Ratschläge anhören und sie dann einfach nicht befolgen.

Also befolgen Sie die Anweisungen Ihres Arztes – und zwar alle und so lange, wie der Arzt es verordnet.

1. Verwenden Sie Medikamente nach Anweisung – und achten Sie darauf, ob die Dosis täglich oder »nach Bedarf« einzunehmen ist.

2. Hat man Ihnen ein Antibiotikum verschrieben, brauchen Sie es ganz auf. Wenn das Bakterium nicht völlig vernichtet wird, können Sie einen Rückfall erleiden.
3. Falls Sie der Empfehlung Ihres Arztes misstrauen, ignorieren Sie sie nicht einfach. Fragen Sie nach alternativen Behandlungsmethoden.
4. Immer nach den Nebenwirkungen fragen!
5. Bitten Sie Ihren Arzt, Ihnen ehrlich zu sagen, wie sicher er sich seiner Diagnose ist, besonders bei unklaren Symptomen.

Als letztes Mittel gegen Unsicherheit bleibt Ihnen noch die Recherche: Es zahlt sich aus, sich über seinen Zustand und potenzielle Heilungsmöglichkeiten zu informieren. Wer sich über Geschichte und Statistiken zu einer bestimmten Krankheit kundig machen oder Forschungsergebnisse einsehen möchte, sollte die Websites von Universitäten und Organisationen anklicken, die zu Ihrem Thema forschen – halten Sie dabei Ausschau nach Adressen, die mit .edu oder .org enden. In Bibliotheken findet man ebenfalls umfassende Informationen und kann in aktuellen und alten Ausgaben wichtiger Fachzeitschriften alles über seine Krankheit nachlesen.

Tipp **Ein Übermaß an medizinischer Fachliteratur führt oft zu gefährlichen Formen von Katastrophendenken, und Hypochondrie kann krank machen!**

Doppelt hält nicht besser

Bei der Dosierung von Medikamenten hält doppelt definitiv nicht besser. Was bei manchen frei verkäuflichen Medikamenten gilt (»wenn eine Pille gut ist, müssen zwei besser sein«), ist bei rezeptpflichtigen Medikamenten regelrecht gefährlich. Verdoppelt man die Dosis eines Antibiotikums, um die Tabletten in der Hälfte der Zeit zu verbrauchen, ist es nur noch halb so wirksam. Wer die Dosis eines Aufputschmittels verdoppelt, riskiert Herzrhythmusstörungen und Herzinfarkt. Bei Antidepressiva kann die doppelte Dosis eine langwierige neurochemische Störung auslösen.

Und noch ein Tipp: Auch wenn ein Medikament bei Ihnen sehr gut wirkt, reichen Sie die »restlichen« Tabletten niemals an einen Freund mit ähnlichen Symptomen weiter. Das Antibiotikum, das Ihren durch Bakterien ausgelösten Husten in zwei Tagen kuriert, wirkt bei seinem Husten vielleicht gar nicht, weil dieser durch einen Virus verursacht wurde.

Eine zweite Meinung kann von Nutzen sein

Falls eine ernsthafte Krankheit diagnostiziert wurde, sollte man nichts unternehmen, bevor man eine zweite Meinung eingeholt hat.

Ärzte sind auch nur Menschen – manche sind offen für neue Methoden, andere sperren sich gegen jede Veränderung. Wenn es um Ihr Leben geht, sind Sie es sich schuldig, die Diagnose bestätigen zu lassen und sich an verschiedenen Stellen nach Behandlungsmethoden zu erkundigen.

Wenn der Rat Ihres Arztes Ihnen extrem erscheint, nehmen Sie ihn nicht einfach hin. Fassen Sie ihn als Möglichkeit auf und entscheiden Sie sich nicht für eine Behandlung, ehe Sie sich woanders erkundigt haben. Die meisten Krankenversicherungen (selbst die schlechtesten) zahlen eine zweite Untersuchung, wenn Ihr Arzt Sie überweist.

MAMA SAGT: »Nimm dir Zeit, den richtigen Spezialisten zu finden.«

1. Bitten Sie Ihren Hausarzt, Ihnen mehrere geeignete Fachärzte zu empfehlen. Manche Ärzte haben eine »Empfiehlst du mich, empfehle ich dich«-Abmachung mit einem oder mehreren Freunden und nutzen Empfehlungen als Gelegenheit, um einen Gefallen zurückzuzahlen. Der zweite (oder wenn es sein muss, auch der dritte) Spezialist, den Ihr Arzt empfiehlt, ist wahrscheinlich eher ein professionell angesehener Kollege als ein persönlicher Freund und könnte erfrischend andere Methoden und Ansichten an den Tag legen.
2. Wem dieses Doktor-Hopping zu anstrengend ist, der kann seine Versicherung um eine Liste von ortsansässigen Spezialisten bitten.
3. Besuchen Sie Internet-Chatrooms und offene Foren für Patienten in ähnlicher Lage und tauschen Sie Informationen aus. Eine

Patientenempfehlung ist der sicherste Weg, einen Spezialisten zu finden, da Leidensgenossen in der Regel die gleichen Ängste, Sorgen, Frustrationen und Ansprüche haben. Nur ein anderer Patient kann Ihnen sagen, wie mitteilsam, ermutigend und freundlich der jeweilige Arzt wirklich ist.

Wann war die letzte Tetanusspritze?

Bleiben Sie bei Impfungen auf dem Laufenden.

Erinnern Sie sich? Zu Ihrer letzten Tetanusspritze wurden Sie wahrscheinlich von Mama geschleift, von einer fröhlichen Krankenschwester mit einer riesigen Spritze attackiert und mit einem Kirschlolli getröstet. Wenn Sie Glück hatten, hielt sich der blaue Fleck nur ein, zwei Tage. Wenn Sie wirklich Glück hatten, erwischten Sie einen heilen Lutscher. Und das war das Ende Ihrer Tetanusvorsorge.

So langsam stellt sich heraus, dass es gar nicht schlecht ist, sich alle zehn Jahre eine Tetanusspritze geben zu lassen. Tetanusspritzen sind nicht wie Impfungen – sie schützen nicht lebenslänglich. Und man kann nie wissen, wann die nächste Begegnung mit einem rostigen Nagel oder einem wild gewordenen Schoßhund ansteht.

Tetanus wird von einem Organismus namens *Clostridium tetani* ausgelöst, der in der Erde, in Mist, in mit Mist gedüngten Böden und im Verdauungstrakt von im Mist wühlenden Lebewesen vorkommt. Der Tetanuserreger dringt durch eine Stich- oder Bisswunde ein, wandert durch das zentrale Nervensystem und verursacht Krämpfe und Muskelstarre (daher auch der Name »Wundstarrkrampf«).

Die Sterblichkeitsrate bei Menschen ist extrem hoch – 40 bis 80 Prozent aller Infizierten.

Obwohl die Wahrscheinlichkeit, dass sich ein juckender Stich zu einer ausgewachsenen Tetanusinfektion entwickelt, relativ gering ist, sollte man nicht vergessen, dass kleine Wesen bisweilen große Zähne haben. Treffen Sie Vorsorge! Dann können Sie sich unbesorgt kratzen.

MAMA SAGT: »Führe Buch über deine Spritzen und Impfungen.«

Vielleicht ist Mama nicht immer da, um Sie zu erinnern, also nehmen Sie die Sache selbst in die Hand: Führen Sie Buch über Ihre Impfungen, Allergien und Krankengeschichten sowie über die üblichen Krankheiten, die Sie als Kind hatten oder nicht hatten.

	Datum	Datum	Datum	Datum
1. Hepatitis A				
2. Hepatitis B				
3. Masern				
4. Mumps				
5. Röteln				
6. Kinderlähmung				
7. Diphtherie				
8. Keuchhusten				
9. Tetanus				
10. Windpocken				
11. Grippe				
12. Pocken				
13. Sonstige				

Bewahren Sie diese Informationen zusammen mit wichtigen Angaben wie Blutgruppe, bekannten Allergien und Medikamentenunverträglichkeiten in einem Ordner mit der Aufschrift »Krankengeschichte« auf. Werfen Sie Ihre Rezepte nicht weg, sondern heften Sie sie in dem Ordner ab, damit Sie jederzeit den Überblick über Ihre Behandlungsgeschichte haben. Halten Sie auf einem Blatt die Krankengeschichten Ihrer Eltern fest, darunter auch Einzelheiten zu möglichen Erbkrankheiten.

Wenn Sie den Arzt wechseln, bitten Sie Ihren vorigen Arzt, alle Unterlagen an die neue Adresse zu schicken. Ihre Akten sollten vollständig bleiben, wenn sie Ihnen zum neuen Wohnort folgen, aber für den Fall, dass Ihr voriger Arzt Ihre Daten verliert, sollten Sie selbst Protokoll über Ihre Arztbesuche führen. Notieren Sie bei jedem Eintrag den vollen Namen des Arztes, Telefonnummer, Praxis- und E-Mail-Adresse, den Grund Ihres Besuches, die Diagnose des Arztes und eine Liste der Maßnahmen – einschließlich Laboruntersuchungen und Röntgenbilder.

Stell den Krach ab!

Wer zu laut Musik hört, schädigt sein Gehör.

Das menschliche Ohr hat sich in einer Welt ohne Dolby entwickelt. Unsere sensiblen Hörorgane haben sich über Jahrmillionen auf die Wahrnehmung leiser Geräusche – etwa das Atmen von Tieren und das Knacken von Zweigen – spezialisiert, daher kann man nicht von ihnen erwarten, dass sie die täglichen Attacken von Surroundsound unbeschadet überstehen.

Wer über längere Zeit Lärm ausgesetzt ist, riskiert dauerhafte Taubheit. Ein ständiger Lärmpegel von 85 Dezibel (etwa der Pegel einer angeschalteten Mikrowelle) über einen Zeitraum von

40 Stunden kann genauso schädlich sein wie eine Stunde Stadionrock bei 100 Dezibel. Nun stellen Sie sich vor, was Ihre Stereoanlage – und schlimmer noch, Ihr Walkman – Ihren armen kleinen Ohren jeden Tag antut.

Jedes Individuum leidet in unterschiedlichem Maße unter Gehörverlust, der nicht nur von der Dezibel-Dosis abhängt, sondern auch von genetischen Faktoren wie Geschlecht, Augenfarbe und ethnischer Abstammung. Aber wenn das Gehör hin ist, ist es hin. Nicht einmal modernste Hörgeräte oder Innenohr-Implantate können geschädigten Ohren alle Klangnuancen zurückbringen.

MAMA SAGT: »Du hast nur zwei Ohren – pass gut auf sie auf.«

1. Nehmen Sie zu Konzerten Schaumstoff-Ohrenstöpsel mit. Damit hört man die Musik genauso gut, und das Klingen der Ohren danach werden Sie nicht vermissen. (Gebrauchsanweisung befolgen.)
2. Wer einen Walkman benutzt, sollte ihn höchstens auf Lautstärke 2 einstellen.
3. Wer in einer Fabrik oder auf dem Bau arbeitet, sollte Ohrenschützer tragen. Laute Maschinengeräusche können sogar noch schädlicher sein als erderschütternde Bässe.

4. Versuchen Sie, anderen Lärm zu meiden, beispielsweise Knallkörper und Flugzeuggeräusche.
5. Wenn Sie befürchten, einen Gehörschaden erlitten zu haben, machen Sie beim Arzt oder Hörgeräteakustiker einen Hörtest.

Schmalzige Fakten

Wer den Sound nicht leiser stellen will, dem nimmt das Ohrenschmalz möglicherweise die Arbeit ab. Ohrenschmalz ist eine Art Talg – Menschen, deren Haut und Haare fettig sind, produzieren besonders viel davon. (Bei normaler bis trockener Haut wird weniger Ohrenschmalz erzeugt.) Wer zum fettigen Typ gehört und unter Hörverlust oder Gleichgewichtsproblemen leidet, muss wahrscheinlich einfach seine Ohren reinigen. Mehrere Tage hintereinander zweimal täglich einen Tropfen warmes (Mineral- oder Pflanzen-)Öl in die Ohrmuschel geben, dann mit warmem Wasser ausspülen und ablaufen lassen. Verschwindet das Ohrenschmalz davon nicht, sollte man zum Arzt gehen; vielleicht hat das Problem gar nichts mit Ohrenschmalz zu tun.

Fußpflege

> Eingewachsene Fußnägel vermeidet man, indem man bequeme Schuhe kauft – und sie auch trägt.

Fußnägel sind kein wichtiger Bestandteil unserer Anatomie – jedenfalls nicht, ehe sie einwachsen und wir nur noch humpeln können.

Eingewachsene Zehennägel treten in der Regel an den großen Zehen auf, mit denen man einen erstaunlichen Teil seines Körpergewichts trägt und ausbalanciert. Wächst so ein Nagel nach innen, wird er bei jedem Schritt tiefer in die Haut gedrückt.

Ist es erst einmal so weit gekommen, gibt es keine schnelle Lösung. Wer tapfer genug ist, kann eine Pinzette unter den Nagel schieben, ihn vom Gewebe lösen und so weit anheben, dass sich ein Stück Baumwollmull darunterschieben lässt.

Diese Prozedur muss man von nun an täglich durchführen, bis der Nagel schließlich aus seinem Problem herauswächst.

Wenn der Pinzettentrick zu schmerzhaft und der Zeh berührungsempfindlich ist, liegt wahrscheinlich eine Entzündung vor. Verfärbungen, Schwellungen oder Absonderungen unter dem Nagel sind die Alarmzeichen. In diesem Fall sollte man sich in ärztliche Behandlung begeben. (Schon für eine schmerzstillende Spritze lohnt sich der Weg.)

MAMA SAGT: »Vorbeugung heißt die Devise.«

1. Die Zehennägel regelmäßig schneiden. Werden sie zu lang, können sie splittern, abbrechen und Löcher in die Haut der Nachbarzehen bohren (bei engen Schuhen besonders schmerzhaft).
2. Fußnägel immer gerade abschneiden – nicht die Ecken abrunden oder abschrägen und bis in die Nagelhaut schneiden.
3. Harte Zehennägel sind nach dem Duschen weicher und somit besser zu schneiden.
4. Nägel vollständig abschneiden. Hängt der Nagel noch teilweise fest, wenn man daran zieht, auch die restliche Stelle abschneiden. (Nicht einfach abreißen!)
5. Vernünftige Schuhe tragen. Heben Sie sich alle Ihre aufregend geschnittenen, spitzen Lieblingsstücke für den Abend oder besondere Gelegenheiten auf.

Beim Pilz hört der Spaß auf

Eines Tages kürzen Sie Ihre Fußnägel (gerade) mit dem Nagelknipser, und der Knipser scheint ein Problem zu haben. Sosehr Sie auch drücken und zerren, der Nagel passt einfach nicht in den Knipser. Was ist los?

Sollte Ihnen das je passieren, geben Sie nicht dem Knipser die Schuld. Sie haben sich einen Nagelpilz eingefangen. Verdickung ist eines der häufigen Symptome, ebenso wie Trockenheit, Rillen und Verfärbungen. Manche Menschen leiden lediglich unter ein paar weißen oder gelben Flecken, andere haben am Ende wirklich hufartige Deformationen, die von einem Fußpfleger behandelt und manchmal sogar gezogen werden müssen.

Auch wenn einem der Pilz wie eine alttestamentarische Bestrafung erscheint, sollte man sich nicht einbilden, allein betroffen zu sein: Von Nagelpilz sind allein in den USA rund 10 bis 12 Millionen Menschen befallen. Untersuchungen haben ergeben, dass man zur Risikogruppe gehört, wenn man beim Joggen oder Skilaufen häufig mit den Zehen an die Schuhspitze stößt, Spitzentanz macht oder den ganzen Tag in engen Schuhen oder Stiefeln mit Stahlkappe arbeitet.

Vorbeugung ist eine Sache des gesunden Menschenverstandes:

1. Niemals anderer Leute Nagelknipser oder -scheren benutzen und die Instrumente, falls man sie auch für die Fingernägel benutzt, zunächst mit Alkohol desinfizieren und vor dem nächsten Gebrauch 60 bis 90 Minuten an der Luft trocknen lassen.
2. Erkundigen Sie sich beim Fußpfleger nach dessen Desinfektionsroutine, bevor Sie dort eine Pediküre machen lassen.
3. Immer saubere Strümpfe tragen.
4. Schuhe vor dem Kauf grundsätzlich anprobieren, damit sie richtig (und nicht zu eng) sitzen.

Falls Sie sich die Pilzerkrankung bereits eingefangen haben, bleibt Ihnen leider kaum eine Wahl. Entweder Sie leben damit, oder Sie zahlen einen echten Wucherpreis für eine dreimonatige Kur (innere Anwendung). Die Heilungsquote bei diesen Medikamenten ist nicht schlecht, aber es kann über ein Jahr dauern, bis die Fußnägel ihre makellose Schönheit zurückerlangen – und die Gefahr, dass der Pilz wiederkehrt, ist relativ groß. Also hören Sie auf Mama – Vorbeugung lohnt sich.

Kapitel 3: Küchen- und Kochgrundlagen

Ist Ihre Küche ein gemütlicher Ort oder ein Kampfgebiet? Kochen Sie selbst oder sind Sie ein Warmmacher? Falls »Hausmannskost« für Sie bedeutet, sich bei Freunden zum Dinner einzuladen, ist es höchste Zeit für ein paar von Mamas Küchenweisheiten.

Für kompetente Köche (und natürlich Köchinnen) dienen die folgenden Ratschläge als Auffrischungskurs mit ein paar Extratipps. Wer möchte nicht gern aus dem Nichts etwas zaubern? Warum nicht gleich ein ganzes Menü? Neulinge hingegen lernen in diesem Kapitel den einzigen Raum ihrer Wohnung kennen, den sie noch erobern müssen.

Betrachten Sie Ihre Küche als schöne neue Welt und erforschen Sie sie! Mama wird sehr stolz auf Sie sein.

Anatomie einer Küche

Das Geheimnis einer glücklichen Küche sind Ordnung und Sauberkeit.

Mehr als alle anderen Räume muss eine Küche *organisiert* sein. Wenn das Werkzeug nicht an seinem Platz liegt oder gar keinen eigenen Platz hat, beginnt man jede Mahlzeit mit einem Handicap.

Haben Sie sich je gefragt, warum manche Leute gern kochen und es andere schon bei dem Gedanken schaudert? Höchstwahrscheinlich liegt der Unterschied in der Kücheneinrichtung.

Ein System zu entwickeln – und zu erhalten – liegt Ihnen vielleicht nicht im Blut, aber wer einmal mitten im Chaos gekocht (oder zu kochen versucht) hat, weiß, wie anstrengend Unordnung sein kann.

Die Lösung heißt Dekonstruktion. Sicher gießen Sie in Ihrer Küche seit Jahren Tee auf und machen Fertignahrung warm – aber wann haben Sie zum letzten Mal in die Schubladen geschaut? Oder hinten in die Schrankfächer? Wo sind die Knoblauchpresse und der Eitrenner (und wie sieht so was überhaupt aus)?

MAMA SAGT: »Damit deine Küche funktionstüchtig wird, musst du wissen, was du hast und was du nicht brauchst.«

1. Systematisch alle Schubladen, Schränke, Speisekammer und Gewürzregale ausräumen und alles auf die Arbeitsflächen und/oder den Küchentisch stellen.
2. Alles, was ständig auf der Arbeitsfläche steht (wie Kaffeemühle und -maschine), in eine entlegene Ecke verbannen, damit mehr Platz zum Arbeiten bleibt.
3. Dann drei Pappkartons aufstellen oder Tüten bereitlegen. Mit einem Filzstift auf einen Karton »BEHALTEN«, auf den zweiten »VERSCHENKEN« und auf den dritten »MÜLL« schreiben.

4. Beginnen Sie mit dem Inhalt Ihrer Schubladen und sortieren Sie alles in diese drei Kartons. Von jedem wichtigen Küchenutensil (siehe nächste Seite) legen Sie eins in den BEHALTEN-Karton. Dazu kommen weitere unbeschädigte Gegenstände. Brauchbare, intakte Duplikate wandern in den VERSCHENKEN-Karton, alles, was kaputt oder verrostet ist, in den MÜLL-Karton.

Küchenutensilien: Grundausstattung

Unentbehrlich:	Zusätzlich nützlich:
Tranchiermesser	Apfelausstecher
Wellenschliffmesser	Knoblauchpresse
Spatel	Fett-mager-Sauciere
Schöpfkelle	Backpinsel
Käsereibe	Gummispatel
Messbecher	Schaumlöffel
Messlöffel	Sieb
Salatschleuder	Zange
Dosenöffner	Kartoffelpresse
Korkenzieher	Eierschneider
Sparschäler	Eitrenner
Schneebesen	Trichter

Grundschule für Kochanfänger

> Das Geheimnis einfacher, effizienter Essenszubereitung ist die gute Vorarbeit.

Wer seine Ausflüge in die Küche mit einer vollständigen Ausrüstung beginnt, spart eine Menge Zeit, Ärger und frustrierende

Improvisationen. Folgende Grundausstattung sollten Sie besitzen:

1. **Schneidebretter** (zwei). Ein Brett zum Gemüseschneiden, das andere für Fleisch. Kunststoff- oder Glasbretter sind preiswert und spülmaschinenfest, die altmodischen Holzbretter hingegen sind schwerer und rutschsicherer.
2. **Rührschüsseln** (drei). Als Satz oder Einzelstücke gekauft, sollten die kleine, mittlere und große Schüssel (Metall oder Keramik) gut ineinanderpassen, damit sie wenig Platz wegnehmen. Schöne, gut gepflegte Schüsseln können im Notfall auch als Servierschüsseln dienen.
3. **Seiher** (Durchschlag). Der Kunststoff- oder Metallseiher sollte mindestens so groß sein, dass Spaghetti oder Salat für vier Personen darin Platz haben.
4. **Küchentimer.** Ideal ist ein preiswerter digitaler oder mechanischer Timer.
5. **Mikrowellengeeignete Vorratsbehälter** (sechs). – Kaufen Sie verschiedene Größen mit gut schließendem Deckel. Fast alle Kunststoff- und Glasbehälter sind mikrowellengeeignet. Metallbehälter sollte man nie in die Mikrowelle stellen; beim Aufwärmen von Fast Food darauf achten, dass das Behältnis keinen Metallgriff hat.
6. **Vorratsbehälter** (fünf oder sechs). Damit die Grundnahrungsmittel nicht von Insekten befallen werden, Mehl, Zucker, Kaffee, Getreideflocken und andere lose Nahrungsmittel aus der Tüte oder Schachtel in luftdichte Vorratsbehälter umfüllen. Kaufen Sie einen schlichten, funktionellen Satz (oder mehrere Einzelstücke) für den Küchenschrank oder nutzen Sie – falls Sie genügend

Platz haben – die Gelegenheit, dekorative neue oder antike Behälter zur Schau zu stellen.

7. **Backutensilien.** Nudelholz (Mamas hölzernes ist das beste; falls man sich vorm Saubermachen drücken will, vor Gebrauch mit Frischhaltefolie umwickeln), Mehlsieb und Schneebesen braucht man bestimmt; im Kochbuch nachschlagen, welche Utensilien man noch benötigen könnte.

8. **Schutz/Sicherheit.** Untersetzer für heiße Töpfe und Auflaufformen, mindestens zwei Topflappen oder -handschuhe zum Schutz der Hände. Gegen Feuer in der Küche sollte man einen Feuerlöscher kaufen, der speziell für diesen Zweck geeignet ist.

Entrümpelung des Küchenschranks

Es wird Zeit, die schweren Geschütze aufzufahren.

Wer seine Küche nicht gerade völlig neu einrichtet, besitzt wahrscheinlich eine bunte Mischung von Kochutensilien: vielleicht von jeder Größe zwei bis drei Töpfe (und die doppelte Anzahl Deckel), einen unerschöpflichen Vorrat an Bratpfannen und einen Schrank voll seltsamer Gegenstände, deren Zweck sich nur erraten lässt. Und was fängt man damit jetzt an?

Mama sagt: »Reduziere deine Kochutensilien auf das Nötigste.«

Und das brauchen Sie:

1. Einen Suppentopf (8–9 l) mit Deckel.
2. Einen Topf (ca. 4 l) mit Deckel.
3. Eine Stielkasserolle (1–2 l) mit Deckel.
4. Eine schwere Pfanne (24–30 cm) – am besten mit Deckel.
5. Drei runde oder ovale Auflaufformen aus feuerfestem Glas (1, 1,5 und 2 l)
6. Diverse Backformen: eine Brotbackform, eine Kastenform und eine Tortenform (oder eine Kombiform mit Kranzkucheneinsatz) sowie ein beschichtetes Backblech reichen für den Anfang. Gute, schwere, beschichtete Qualität zahlt sich aus: Die Kuchen gelingen besser und man spart viel Zeit beim Saubermachen.

Geschickt angeordnet sollte diese Grundausstattung in einen größeren oder zwei kleine Schränke passen.

Tipp

Profis und Mütter sind sich einig, dass nichts über Edelstahl geht, wenn man sich einen guten, robusten Topf- und Pfannensatz leisten will. Krönen Sie Ihre Ausrüstung mit ein oder zwei gusseisernen Pfannen oder Kasserollen. Man braucht sie nicht täglich, aber für manche Rezepte sind sie unentbehrlich.

Vom Segen der Schrankfolie

Saubere Schrankbretter schenken Seelenfrieden.

Es gibt mehrere gute Gründe, Schubladen und Bretter mit Folie zu beziehen. Schrankfolie bietet Geschirr und Küchenutensilien eine saubere Standfläche und erspart das Desinfizieren von Holzbrettern – die wegen der porösen Struktur ohnehin fast unmöglich zu desinfizieren sind. Die Wachs- oder Vinylbeschichtung schützt das Holz vor Wasserschäden, und man muss die Folie lediglich alle paar Monate mit einem feuchten Tuch abwischen und alle zwei Jahre ersetzen.

Auf Ihre Küche hat das vielleicht keine große Auswirkung, die Auswirkung auf *Sie* ist jedoch geradezu magisch: Wer seine Küchenbretter auslegt, sollte sich nicht wundern, wenn er sich plötzlich richtig zufrieden fühlt.

MAMA SAGT: »Mit Schrankfolie fühlt sich die Küche wie neu an.«

Suchen Sie sich eine Folie aus, die Ihnen gefällt, aber machen Sie sich nicht allzu viele Gedanken ums Design; sie ist ja doch meistens in Schubladen und Schränken verborgen. In Haushaltswarenabteilungen und Baumärkten gibt es verschiedene Marken und Muster; die Auswahl ist also groß.

1. Schublade, Schrank- oder Regalbrett mit feuchtem, seifigem Lappen säubern.
2. Schutzpapier noch nicht abziehen, Folie ausrollen, hinlegen und Größe kontrollieren. Die richtige Größe an einer Seite anzeichnen, dann die Rolle herausnehmen und mit einem Lineal die restliche Linie anzeichnen. Ungleichmäßig geformte Bretter auf die Folie auflegen und Konturen anzeichnen.

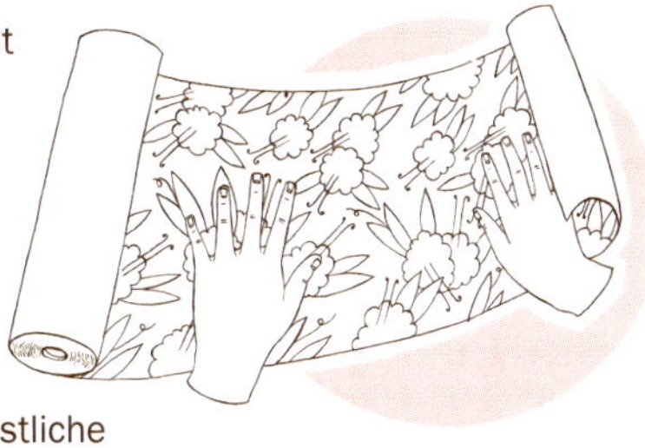

3. Entlang der angezeichneten Konturen mit Schere oder Messer ausschneiden.
4. Nun an der oberen und unteren Ecke einer Seite die Schutzfolie abziehen und die Folie aufs Brett kleben (darauf achten, dass die Folienecken exakt auf den Brettecken sitzen). Von dieser Seite zur gegenüberliegenden Seite vorarbeiten, Schutzpapier langsam abziehen und Folie andrücken.
5. Folienoberseite mit festem Druck glätten, um Falten auszustreichen.
6. Treten Sie einen Schritt zurück und bewundern Sie Ihre Arbeit.

Küchenutensilien wohlgeordnet: Was gehört wohin?

Organisation ist eine Frage der Logik: Jedes Ding gehört an einen passenden Platz.

Nun sind die leeren, mit Folie ausgelegten Schubladen und Schränke bereit zum Einräumen. In den meisten Küchen gibt es mindestens vier große Schubladen; hat man mehr, kann man die Utensilien großzügiger verteilen oder einen Platz für Untersetzer schaffen.

Verlieren Sie beim Einräumen nie Ihr Ziel aus den Augen: In dieser Küche soll gekocht werden. In zu vollgepackten Schubladen sinken Utensilien bisweilen unauffindbar auf den Grund.

MAMA SAGT: »Aufgeräumte Schubladen und Schränke haben etwas Göttliches.«

1. Schubladeneinrichtungen kaufen, damit die Utensilien nach dem Einräumen nicht in einem unentwirrbaren Haufen zusammenpurzeln. Ein Besteckkasten aus Kunststoff oder Holz ist ein Muss.
2. Eine Schublade fürs Silberbesteck reservieren und jedes Teil ins dafür vorgesehene Fach legen.
3. In einer weiteren Schublade alle am häufigsten gebrauchten Kochutensilien unterbringen; die Schublade muss danach noch gut auf- und zuzuziehen sein.
4. In der dritten Schublade Vorratstüten, Klarsicht- und Aluminiumfolie horten.
5. In die vierte »nützliche« Schublade kommt die Notausrüstung – Taschenlampe, Kerzen, Batterien usw.
6. Trinkgläser in Griffhöhe aufstellen, da man sie am häufigsten braucht.
7. Die meistbenutzten Teller und Schüsseln ebenfalls auf einem niedrigen Regalbrett unterbringen.
8. Tassen mit Henkeln in mittlerer Höhe aufstellen.
9. Stielgläser auf ein höheres Brett stellen, wo sie nicht so leicht angestoßen werden.

Tipp **Gegenstände, die man nur zu bestimmten Gelegenheiten braucht (etwa wenn Mama zum Essen kommt), ins oberste Schrank- oder Regalfach stellen.**

Bei Wutanfällen weg vom Spülbecken

Mehr über den Umgang mit Wut und Streitereien erfahren Sie im 5. Kapitel, vorerst aber merken Sie sich zwei gute Gründe, warum Sie entsprechende Situationen meiden sollten: Sie könnten dem Geschirr weh tun und das Geschirr könnte Ihnen weh tun. Edelstahlspülen geben etwas nach, wenn man wütend Geschirr hineinwirft oder fallen lässt, Porzellanspülen tun das nicht – ebenso wenig wie die Teller oder Schüsseln, die sich im Seifenwasser verstecken.

Wollen Sie dem Wahnsinn ein Ende setzen, erklären Sie die Küche am besten zur neutralen Zone, in der Streiten verboten ist.

Ein Platz fürs Geschirr

Eine gepflegte Mahlzeit beginnt mit einem schön gedeckten Tisch.

Falls Sie mit jemandem zusammenleben, sind Ihre Schränke wahrscheinlich voll von diversen Einzelstücken wie Sammeltassen, Schnapsgläsern mit Aufdruck und wackeligen Stapeln aus unterschiedlichsten Tellern und Schüsseln. Wenn bei Ihnen aber häufig vier bis sechs Personen zusammen essen (oder Sie viele Partys veranstalten), sollte Ihr Geschirrschrank acht bis zehn Kaffeetassen oder -becher, Untertassen, Wassergläser,

Weingläser, flache und tiefe Teller, Schälchen sowie Essbesteck enthalten.

Wer seine Küche ganz neu einrichtet, kauft am besten ein komplettes Service. Dazu gehören in der Regel vier oder sechs Tassen, Untertassen, flache und tiefe Teller. (Besteckssets gibt es mit vier, sechs oder zwölf Gedecken.) Wasser- und Weingläser können Sie einzeln oder in Zweier-, Vierer-, Sechser- bzw. Zwölferpackungen kaufen. Und nicht vergessen: Am besten hat man für alle Fälle von sämtlichen Glas- und Porzellanteilen immer noch zwei in Reserve.

MAMA SAGT: »Ein schön gedeckter Tisch ist eine Frage des Stils.«

Wer stilvoller leben und den ewigen Mahlzeiten mit Papierservietten, Papptellern und Küchenpapier Lebewohl sagen will, kann versuchen, seinem Esstisch etwas mehr Glanz und Klasse zu verleihen.

1. Fertige **Tischdecken** gibt es in verschiedenen Standardgrößen und unendlich vielen Designs – und wer nichts Passendes findet, kann immer noch Meterware kaufen und seine Decken selbst nähen. Beachten Sie grundsätzlich die Pflegehinweise, bevor Sie Tischdecken in die Waschmaschine stecken. Baumwoll- und Leinendecken müssen gebügelt werden, wenn sie von der Leine oder aus dem Trockner kommen.

2. Wem eine Tischdecke zu viel ist, der mag vielleicht lieber **Platzdeckchen (Sets)**. Kaufen Sie sechs oder acht in einem Design, das Ihnen zusagt, und aus robustem, waschbarem Stoff. (Sets, die in die Reinigung müssen, sind für besondere Anlässe wunderbar, aber für den Alltag unnötig kostspielig.)

3. Ein paar schöne **Stoffservietten** vervollständigen das Bild. Kaufen Sie auf jeden Fall einige mehr, als Sie brauchen, denn Verschleiß ist unvermeidlich, und passender Ersatz lässt sich in der Regel nach ein paar Jahren (oder schon Monaten) nicht mehr auftreiben.

Tipp **Wer selbst Sets nähen will, sollte einen dicken Baumwoll- oder Leinenstoff kaufen. Für sechs doppelseitige Sets braucht man zwei Meter 120 cm breiten oder einen Meter 150 cm breiten Stoff. Oder Sie kaufen zwei verschiedene Stoffe und nähen wendbare Platzdeckchen daraus.**

Wegwerfen oder aufbewahren: Ausmisten in Kühlschrank und Tiefkühltruhe

Kühlschrank und Gefrierschrank gehören einmal pro Monat ausgemistet, um Platz zu schaffen.

Mama weiß es, und es wird höchste Zeit, dass Sie es ebenfalls lernen: Auch gekühlte und eingefrorene Nahrungsmittel werden mit der Zeit schlecht. Die folgenden Richtlinien liefern eine Entscheidungshilfe, was »überreif« ist und besser entsorgt werden sollte.

Kühlschrank

Huhn (gegart): 3 Tage

Huhn (roh): 1 Tag

Fisch (gegart): 2 Tage

Fisch (roh): 1 Tag

Fleisch (gegart): 3–4 Tage

Fleisch (roh): 2 Tage

Fertigsaucen:
nach dem Öffnen 2 Monate

Säfte: 2 Wochen

Käse: 3–4 Wochen; luftdicht
verpackt 3–4 Monate

Milch: 1 Woche;
siehe Haltbarkeitsdatum

Butter: 2 Wochen

Eier: 3 Wochen; siehe Haltbarkeits-
datum auf dem Karton

Brot: 1 Woche, falls frisch

Wein (ungeöffnet):
je nach Qualität und Jahrgang

Wein (geöffnet): 12 Stunden (weiß), 1 Woche (rot)

Marmelade/Gelee: 4 Monate

Gekochte Nudeln: 3–4 Tage

Gefrierschrank

Fisch: 6 Monate

Huhn: bis zu 1 Jahr, je nach Verpackung

Hackfleisch: 3 Monate

Fertiggerichte/Pizza: 3–4 Monate;
siehe Haltbarkeitsdatum auf der Verpackung

Eiswürfel: 2–3 Monate oder bis sie komisch riechen

Tipp **Es ist Zeit, den Gefrierschrank abzutauen, wenn die Küche plötzlich über eine Klimaanlage verfügt, weil die Tür des Gefrierschranks nicht mehr schließt.**

Vorratshaltung: die 33 Grundzutaten

Sie haben Ihre Küche in Besitz genommen. Nun ist es Zeit, die Speisekammer zu füllen.

Die Frage ist nur, womit? Es ist ein Riesenunterschied, ob man Lebensmittel zum Aufwärmen oder Lebensmittel zum *Kochen* kauft. Auf der folgenden Seite finden Sie eine Liste von 33 praktischen, vielseitigen Zutaten für Kühlschrank, Gefriertruhe und Speisekammer. Dies sind Basiszutaten – das Mindeste, was man fürs Kochen zu Hause braucht.

Die Möglichkeiten sind grenzenlos. Lassen Sie Ihre Fantasie spielen (oder sehen Sie sich auf Seite 80 die Mahlzeiten-Mathematik für jede Tageszeit an).

Dreiunddreißig Grundzutaten

Kühlschrank	**Gefrierschrank**	**Speisekammer**
Eier	Broccoli	Thunfisch
Milch	Würste	Müsli
Butter/Margarine	Spinat	Nudeln
Mayonnaise	Vanilleeis	Brot
Frische Tomaten	Mischgemüse	Knäckebrot
Frische Pilze	Hühnerbrust	Nüsse/Kerne
Schinken	Rindergehacktes	Reis
Käse	Kaffee	Kartoffeln
Senf	Himbeeren	Olivenöl
Salatsauce	Saft (Konzentrat)	Dosentomaten
Blattsalat	Erbsen	Zwiebeln

Mahlzeiten-Mathematik

Addieren Sie einfach die folgenden Zutaten,
und schon ist das Essen fertig!

Frühstück

Milch + Müsli + Himbeeren = Müsli
Eier + Milch + Olivenöl + Schinken/Käse = Omelett
Eier + Brot + Schinken = Strammer Max
Himbeeren + Saftkonzentrat + Milch + Schlagsahne = Milchshake

Lunch

Blattsalat + Thunfisch + Tomaten + Salatsauce = Thunfischsalat
Käse + Brot + Butter = überbackenes Käsesandwich
Hackfleisch + Blattsalat + Zwiebel + Tomate = Burger
Thunfisch + Mayo + Zwiebel + Salat + Senf = Thunfischsandwich
Eier + Milch + Zwiebel + Pilze = Pilzomelett

Abendessen

Hühnerbrust + Ei + Brot(krumen) + Käse = Huhn alla Parmigiana
Hackfleisch + Ei + Brot(krumen) + Dosentomaten = Hackbraten
Kartoffeln + Käse + Olivenöl = Kartoffelgratin
Broccoli + Pilze + Dosentomaten + Nudeln = Pasta Primavera

Die richtige Produktwahl: So setzt man auf Sieger

Das Geheimnis des frischen Geschmacks sind frische Produkte.

Wer sich bisher nur von Tiefkühkost ernährt hat, sollte sich auf einen Schock vorbereiten: *Frische* Produkte gibt es nicht fertig abgepackt. Vielmehr findet man jede Sorte in so vielen Formen, Farben und Konsistenzen, dass man versucht ist, einfach nur die Augen zu schließen und auf irgendetwas zu zeigen.

Es gibt einige bewährte Tricks, wie man Gutes von Schlechtem unterscheidet. Manchem Obst und Gemüse sieht man seinen Reifegrad an, andere werden härter (oder weicher) oder beginnen besser (oder schlechter) zu riechen.

MAMA SAGT: »Man muss wissen, worauf man mit Nase, Augen, Fingern und Ohren zu achten hat.«

1. **Nase.** Broccoli, Zitrusfrüchte, Melonen, Pfirsiche, Birnen und Ananas (Geruchsprobe am Boden, nicht am Strunk) sollten frisch und mild, Pilze nach frischer Erde riechen. Früchte sollten leicht süßlich duften; ein strenger oder saurer Geruch deutet auf Überreife hin.
2. **Augen.** Keine Produkte mit Rissen oder Druckstellen kaufen, nur Exemplare mit kräftiger, gesunder Farbe und glatter Schale. Erdbeeren sollten nicht zu dunkelrot sein oder Druckstellen haben. Das meiste Obst und Gemüse schmeckt am besten, wenn es glatt und glänzend ist. Nur Bananen beginnen erst zu reifen, wenn sich braune Flecke zeigen. Knoblauch sollte nicht keimen: Hat er grüne Triebe, schmeckt er bitter. Keimende Kartoffeln auf keinen Fall kaufen. Blattsalate dürfen nicht welk sein; sie sollten knackige grüne Blätter ohne faule Stellen haben. Bei Spargel müssen die Spitzen glatt geschlossen sein.
3. **Finger.** Früchte (außer Zitrusfrüchten) und Zucchini sollten in der Regel ziemlich fest sein, ohne Dellen oder weiche Stellen. Reife Tomaten sollten auf Druck der Fingerspitzen etwas nachgeben. Sind Pflaumen und Pfirsiche hart, sind sie unreif; reife Exemplare sind weicher. Zitrusfrüchte sollten schwerer sein, als ihre Größe vermuten lässt; eine schwere Frucht ist vollsaftig und genau richtig zum Auspressen oder Essen. Avocados sollten sich auf Druck nachgiebig anfühlen; zu feste Früchte sind nicht reif. Trauben sollten sich bei leichtem Ziehen, aber nicht mühelos vom Stiel trennen lassen. Zwiebeln sollten völlig fest sein, ohne verräterische weiche Stellen.
4. **Ohren.** Eine gute Melone klingt beim Klopfen hohl und volltönend wie ein prall aufgepumpter Ball. Klingt sie eher wie ein massiver Gegenstand, muss sie noch reifen.

Bananen-Rührkuchen

Überreife Bananen muss man nicht wegwerfen – man legt sie in den Kühlschrank und backt daraus einen Kuchen.

- 200 g Zucker
- 2–3 mittelgroße bis große oder 3–4 kleinere Bananen
- 115 g Butter, geschmolzen
- 60 ml Milch
- 1 TL Vanillezucker
- 2 Eier
- 50–100 g gehackte Walnüsse (nach Geschmack)
- 250 g Mehl
- 1 TL Backpulver
- ½ TL Salz (nach Geschmack weniger)

1. Die ersten sechs Zutaten der Liste in einer großen Schüssel verrühren. Mit Frischhaltefolie abdecken und stehen lassen, bis die Mischung Zimmertemperatur hat.
2. Backofen auf 180 °C vorheizen.
3. Den Boden (nicht die Seiten) einer Brotback- oder Kastenform einfetten (ca. 22 x 12 oder 20 x 10 cm).
4. Die Bananenmischung bei mittlerer Geschwindigkeit 1 Minute aufschlagen.
5. Nüsse, Mehl, Backpulver und Salz von Hand kurz unterrühren. Rührt man in diesem Stadium zu heftig, wird der Teig zäh.
6. Den Teig in die Form füllen und 50–60 Minuten backen bzw. bis beim Einstechen mit dem Zahnstocher kein Teig mehr hängenbleibt.
7. Seiten mit einem Buttermesser lösen, vorsichtig auf einen Teller stürzen und Form abheben.

Vorm Servieren mindestens 10 Minuten abkühlen lassen.
Guten Appetit!

Vom richtigen Umgang mit Hühnern

Huhn ist vielseitig und lecker – will aber mit Sorgfalt behandelt werden.

Hühnerfleisch in der einen oder anderen Form sollte man immer in der Tiefkühltruhe haben; damit lässt sich jederzeit eine leckere Mahlzeit zubereiten. Huhn ist die kulinarische Allzweckwaffe: Ob geschnetzelt, gewürfelt, filetiert, im Ganzen oder in Einzelteile zerlegt zubereitet – aus Huhn lässt sich fast jedes erdenkliche Gericht zaubern. Aber Mama weiß, dass mit Kauf und Aufbewahrung von Hühnerfleisch gewisse Risiken verbunden sind.

Immer wieder kommt salmonellenverseuchtes Hühnerfleisch auf den Markt, dessen Verzehr zu Fieber, Erbrechen, Durchfall, heftigen Unterleibsschmerzen und in ganz seltenen Fällen (bei Kleinkindern, Alten und Geschwächten) sogar zum Tod führen kann. Weniger bekannt ist eine Mikrobe namens *Campylobacter*, die beim Menschen ebenfalls Infektionen verursachen kann. Die Symptome ähneln denen einer Salmonelleninfektion,

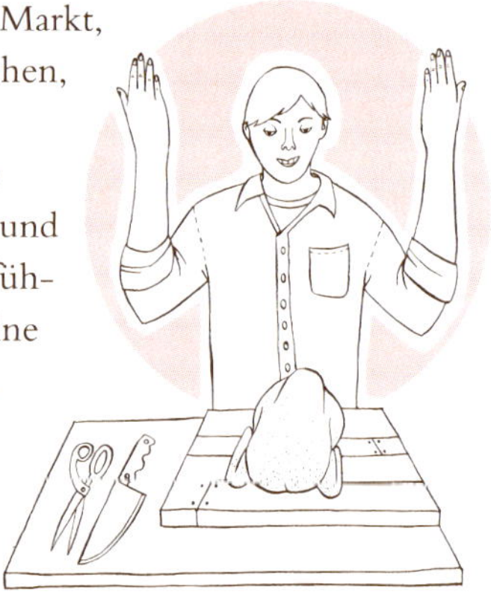

sind aber weniger ausgeprägt – dafür kann diese Erkrankung noch bis zu sieben Wochen nach der Ansteckung von Mensch zu Mensch weitergegeben werden. Gewisse Vorsichtsmaßnahmen sind daher angebracht.

1. Beim Kauf von Hühnerfleisch immer auf das Haltbarkeits- bzw. Verzehrdatum achten.
2. Frisches abgepacktes Hühnerfleisch darf keine Verfärbungen aufweisen und sollte sich kalt (nicht nur kühl) und fest anfühlen.
3. Auf intakte und luftdichte Verpackung achten.
4. Hühnerfleisch immer zuerst, vor anderen, weniger leicht verderblichen Lebensmitteln, auspacken. Die ideale Temperatur zum Einfrieren beträgt minus 18 °C. Nach Öffnen der Originalverpackung (oder wenn das Fleisch länger als 2 Monate in der Tiefkühltruhe liegen soll) diese zusätzlich in einen Gefrierbeutel oder ein Kunststoffbehältnis packen. Will man das abgepackte Hühnerfleisch nicht einfrieren, sollte man es sofort in den Kühlschrank legen (bei 7–8 °C) und innerhalb von 24 Stunden verbrauchen.

Auftau-Tipps

Geflügel nie bei Zimmertemperatur, sondern 12 bis 48 Stunden vor Verbrauch im Kühlschrank auftauen lassen. (Stücke ohne Knochen über Nacht; ganze Tiere oder große Teile brauchen bis zu 2 Tage.)

Man kann Geflügel auch im Spülbecken auftauen, allerdings nur im luftdichten Gefrierbeutel und in stetig kalt gehaltenem Wasser (entweder unter fließendes Wasser legen oder das Wasser alle 30 Minuten wechseln). Bei dieser Methode braucht ein ganzes Huhn meist nicht länger als 3 Stunden zum Auftauen, Filets können schon nach 30 Minuten kochfertig sein.

Am schnellsten geht das Auftauen in der Mikrowelle bei niedriger Temperatur (die meisten Mikrowellengeräte haben dafür eine spezielle Einstellung) – man muss das Fleisch dann aber sofort zubereiten, weil es nach dem Aufenthalt in der Mikrowelle schon stellenweise angewärmt oder gegart ist.

5. Rohes Geflügel getrennt von allen Zutaten vorbereiten. Am besten verwendet man dafür ein eigenes Schneidebrett (wegen der Bakteriengefahr am besten aus Glas oder Acryl, nicht aus Holz) und schrubbt es nach dem Kochen mit heißem Wasser und antibakteriellem Spülmittel.

6. Benutzen Sie ein Fleischthermometer, das Sie in eine dicke Fleischstelle stecken; es sollte bei ganzen Vögeln mindestens 82 °C und bei Brustfleisch mindestens 77 °C anzeigen.

7. Nach dem Kochen die Hände waschen – und alles andere, was mit rohem Geflügel oder dem Schneidebrett in Berührung kam.

Tipp

Vorsicht! Ob die Henne oder das Ei zuerst da war, darüber wird die Menschheit wohl ewig streiten. Mit Salmonellen infiziert können aber beide sein. Bewahren Sie Eier also grundsätzlich im Kühlschrank auf. Wer Kleinkinder, Alte, Gebrechliche oder Geschwächte bekocht, sollte sicherheitshalber auf Speisen mit rohem Ei (auch weichgekochte oder Spiegeleier) verzichten.

Einfache Geflügel-Marinaden

Marinaden sind die einfachste Methode, dem Geflügel Geschmack und Ihrer Kreativität Flügel zu verleihen. Für Marinaden gilt: je länger, je lieber – soll das Fleisch sich also mit Aroma vollsaugen, plant man seine Mahlzeiten am besten 48 Stunden im Voraus. Diese drei köstlichen Marinaden lassen sich vielseitig abwandeln.

1. **Sojasauce.** Immer eine gute Basis für eine Marinade, weil sie das Fleisch zart macht. In einer mittelgroßen Schüssel einen Schuss Olivenöl mit 250 ml Sojasauce verrühren, dann mit 1 pürierten Knoblauchzehe, 1 TL Wasabi-Pulver, einem kleinen Stück geschälter, geriebener Ingwerwurzel und 475 ml Orangensaft zu einer dünnflüssigen Paste verrühren, dann das Fleisch von beiden Seiten damit bestreichen (mit Backpinsel, falls vorhanden). Zugedeckt mindestens 1 Stunde (und höchstens 48 Stunden) im Kühlschrank marinieren, dann nach Geschmack zubereiten.
2. **Salatsauce.** Gleichgültig, ob es sich um eine cremige Variante oder eine traditionelle Vinaigrette handelt, Salatsauce eignet sich wunderbar als Marinade. Ausreichend Sauce in eine mittelgroße Schüssel gießen und mit 1 TL schwarzem Pfeffer und Gewürzen nach Geschmack verrühren. Geflügel wie oben marinieren.
3. **Dijonsenf.** Ausreichend Dijonsenf in eine Schüssel geben und mit einem Schuss Barbecue-Sauce und etwas Meerrettich verrühren. Für die Konsistenz 45 g Sesam zugeben. Geflügel wie oben marinieren.

Köstlicher Kaffee im Handumdrehen

Leckeren Kaffee gibt es nicht nur in angesagten Cafés.

Kaffee gab es schon, bevor an allen Ecken Kettencafés wie Pilze aus dem Boden schossen. Sogar guten Kaffee. Wer immer noch an der guten alten Kaffeemaschine oder gar am Pulverkaffee hängt, sollte sich langsam auf richtig guten hausgemachten Kaffee umstellen.

MAMA SAGT: »Warum in die Ferne schweifen? Auch bei dir zu Hause kannst du tollen Kaffee kochen.«

Espressomaschinen für den Hausgebrauch gibt es in riesiger Auswahl, und fast alle liefern ausgezeichneten Kaffee. Wer auch ohne die Crema leben kann, sollte aber eine Pressfilterkanne kaufen. Dieses preiswerte Gerät bereitet in rein manueller Herstellung einen starken, aromatischen Kaffee – Sie werden kaum glauben, dass Sie den selbst gemacht haben.

1. Als Erstes kaufen Sie Ihren Kaffee in ganzen Bohnen. Leisten Sie sich eine preiswerte Kaffeemühle und mahlen Sie die Bohnen nach Bedarf (den Rest in der Kühltruhe aufbewahren, damit das Aroma erhalten bleibt).

2. Mühle nur ein paar Sekunden laufen lassen, so dass die Bohnen grob und nicht zu Pulver zermahlen werden.
3. Kaffee in die Kanne schütten (ca. 1 EL auf 250 ml Wasser), mit etwas aufgekochtem und einige Minuten abgekühltem Wasser benetzen. Umrühren.
4. Wenn das Kaffeemehl ganz durchfeuchtet ist, Wasser aufgießen.
5. Deckel aufsetzen und Kaffee einige Minuten ziehen lassen.
6. Den Knauf im Deckel herunterdrücken, bis die Filterscheibe ganz unten aufliegt.
7. Kaffee in Lieblingstasse oder -becher gießen.

Mamas Leib- und Seelennahrung

Askese in der Ernährung mag durchaus ihre Berechtigung haben, aber manchmal braucht man einfach etwas mehr Mama in der Küche.

SEELENTRÖSTER-TEE

1. Frischen Kamillentee mit kochendem Wasser aufgießen, ca. 8 Minuten ziehen lassen.
2. Ca. 1 TL Honig, ½ TL Vanillezucker und einen Schuss Milch zugeben.

SEELENTRÖSTER-KAFFEE

1. 3 gehäufte EL gemahlenen Kaffee und 1 TL Zimt in eine Pressfilterkanne geben.
2. Mit heißem Wasser aufgießen.
3. Während der Kaffee zieht, ca. ¼ l Milch mit Honig bei niedriger Hitze unter ständigem Rühren im Topf erhitzen. Nicht aufkochen lassen, sonst bildet sich eine Haut. Milch in großen Becher gießen.
4. Filter durchdrücken und Kaffee in die Milch gießen. Wer es süß mag, mischt Kaffee und Milch zu gleichen Teilen. Wer es stärker mag, nimmt mehr Kaffee auf weniger Milch.

SCHNELLE KNOBLAUCHBUTTER

1. 1 Paket Butter bei Zimmertemperatur oder ggf. in Nähe der Heizung sehr weich, aber nicht flüssig werden lassen.
2. 1–2 Pakete tiefgekühlte Kräutermischung (z. B. Kräuter der Provence) und 1–2 geschälte, pürierte Knoblauchzehen (nach Geschmack auch mehr) zur Butter geben.

3. Etwas frisch gepressten Zitronensaft und Salz nach Geschmack zugeben und alles gut verrühren.

TAGLIATELLE CARBONARA

1. Tagliatelle (italienische Bandnudeln) in sprudelndem Salzwasser gar kochen (Kochzeit auf der Packung beachten).
2. Währenddessen pro Person 1 Handvoll Speckwürfel in etwas Butter oder Olivenöl in der Pfanne zerlassen, bis sie leicht goldbraun sind.
3. Mit etwas Sahne ablöschen und leicht einkochen lassen. Nach Bedarf salzen, falls der Speck nicht salzig genug ist.
4. Nudeln abgießen, portionsweise in tiefe Teller geben, dazu die Specksauce, frisch geriebenen Parmesan und pro Portion 1 rohes Eigelb. Gut vermischen und genießen.

SPAGHETTI AGLIO OLIO

1. Spaghetti in sprudelndem Salzwasser gar kochen.
2. Pro Person mindestens 2–3 grob gehackte Knoblauchzehen in reichlich Olivenöl goldbraun braten.
3. Nach Geschmack grob gehackte frische Petersilie dazugeben.
4. Nudeln abgießen, in tiefe Teller geben, Knoblauch und Öl darübergießen, salzen und mit frisch geriebenem Parmesan bestreuen.

Tipp **Wer seine Leidenschaft für Knoblauch nicht mit aller Welt teilen will, halbiert die geschälten Knoblauchzehen der Länge nach und entfernt vor der Weiterverarbeitung den Keim. So duftet nur das Essen, nicht der Esser.**

Da haben Sie den Salat!

Leckere Salate zu machen ist ganz einfach. Und so geht's:

1. Blattsalat in einzelne Blätter zerpflücken und diese in ein Becken mit sehr kaltem Wasser werfen. Einige Minuten schwimmen lassen.
2. Blätter herausnehmen und mit der Hand in mundgerechte Stücke zerzupfen. Dicke Blattadern und welke Stellen wegwerfen.
3. Blätter in die Salatschleuder geben und trocken schleudern. In ein feuchtes Geschirrtuch gewickelt, halten sich die Reste im Gemüsefach ein bis zwei Tage.
4. Blattsalat ganz nach Geschmack mit frischen Tomaten, Champignons, Äpfeln, Staudensellerie, Gurken, Zucchini, Orangen, Grapefruit, Radieschen etc. anreichern.
5. Ist der Salat als Hauptmahlzeit gedacht, lässt er sich z. B. mit gebratenen (Geflügel-) Fleischstreifen, angebratenen Speckwürfeln, hart gekochten Eiern, zerbröseltem Käse (z. B. Schafs-, Ziegen- oder Blauschimmelkäse), Parmesanspänen oder Thunfisch ergänzen.
6. Zur Abrundung mit gehackten Nüssen, Kürbis- oder Pinienkernen (in der Pfanne ohne Fett angeröstet) oder Croûtons bestreuen.
7. Mit Salatsauce (siehe auch nächste Seite) anmachen und gründlich vermischen.

VINAIGRETTE-VARIATIONEN

Fertig gemischte Salatsaucen sind nicht schlecht, der Klassiker aber ist eine hausgemachte Vinaigrette – schnell, einfach und köstlich.

1. Pro Portion (doppelte Menge, wenn der Salat die Hauptmahlzeit ist) 1 EL Essig mit einer großen Prise Salz verrühren, bis sich das Salz komplett aufgelöst hat.
2. 2 EL Öl unterrühren. (Bei größeren Mengen das Öl löffelweise zugeben und jeweils erst komplett verrühren.)
3. Mit frisch gemahlenem Pfeffer würzen.

   Dieser Klassiker lässt sich durch die verschiedensten Öle (z. B. Oliven-, Walnuss-, Erdnussöl) und Essigsorten (Rot- oder Weißweinessig, Balsamico, Cidreessig etc.) immer wieder variieren. Außerdem kann man ihn durch Zugabe der verschiedensten Zutaten abwandeln, z. B. 1 EL fein gehackte frische Kräuter, 1 zerdrückte Knoblauchzehe, 1 hart gekochtes, fein gehacktes Ei, 1 TL Senf, 3–4 fein zerzupfte Sardellenfilets – der Fantasie sind keine Grenzen gesetzt!

NICHT JUGENDFREIE LINSENSUPPE

1. 500 g Linsen (besonders lecker sind die kleinen dunkelgrünen) über Nacht in kaltem Wasser einweichen.
2. Einweichwasser weggießen und Linsen in einen Topf geben. Mit trockenem Rotwein aufgießen, bis die Linsen gut bedeckt sind. Zum Kochen bringen, dann auf kleiner Flamme zugedeckt gar kochen (je nach Linsensorte unterscheiden sich die Garzeiten; beachten Sie Hinweise auf der Packung). Bei Bedarf noch Rotwein nachgießen.
3. Währenddessen 8–12 grob gehackte Knoblauchzehen zu den Linsen geben und unterrühren.

4. 250 g geräucherte Speckwürfel in einer Pfanne auslassen und mit dem Fett zu den Linsen geben.
5. Mit frisch gemahlenem Pfeffer und, wenn man will, mit hauchdünnen Scheiben von scharfer Salami servieren.

Hält sich im Kühlschrank mehrere Tage und wird vom Aufwärmen nicht schlechter – im Gegenteil!

CHILI CON CARNE (SCHNELLE VERSION)

1. In einem Suppentopf 500 g Rindergehacktes anbraten.
2. 3–4 grob gehackte Zwiebeln dazugeben.
3. 4 oder mehr grob gehackte Knoblauchzehen mitbraten.
4. 1 große Dose Tomaten mit Saft in den Topf schütten und mit Kartoffelstampfer oder Gabel zerkleinern.
5. 1 große Dose Bohnen (weiße, schwarze oder Kidneybohnen) abgießen und die Bohnen in den Topf geben. Gut verrühren.
6. Während die Suppe kocht, 1 rote und eine gelbe Paprikaschote putzen, in feine Streifen schneiden und zur Suppe geben.
7. Frische oder getrocknete Chilischoten putzen, sehr fein würfeln und zur Suppe geben. Wie viele und welche Sorte, hängt davon ab, wie scharf man's mag.
8. Frühstücksspeck (Bacon) in einer Pfanne in etwas Öl auslassen, bis er braun und knusprig ist.
9. Sobald die Paprika gar sind, kann die Suppe mit Bacon garniert serviert werden. Ist sie sehr scharf, kann man sie mit einem Klecks Crème fraîche entschärfen.

Tipp **In größerer Menge der ideale Party-Eintopf. Lässt sich auf ganz kleiner Flamme über Stunden warmhalten. Aber Vorsicht: Häufig umrühren, damit die Bohnen nicht anbrennen! Und falls es doch passiert ist: Vor dem Spülen einfach sehr lange einweichen und Topf mit Salz scheuern.**

GEBRATENE NUDELN

1. Spaghetti oder andere Nudeln gar kochen und abgießen (oder Nudelreste verwenden).
2. Pro Portion 1–2 Eier mit 60 ml Milch und je 1 Prise Salz, Pfeffer und Selleriesalz verrühren.
3. 1 EL Butter bei mittlerer Hitze in der Pfanne zerlassen und gekochte Nudeln zugeben.
4. Unter Rühren erwärmen, dann Eiermischung zugeben.
5. Ca. 5 Minuten unter häufigem Rühren weitergaren.

RESTE-REIS (ODER WAS MAN KOCHT, WENN MAN DEN KÜHLSCHRANK AUFRÄUMT)

1. Beliebige Reissorte nach Anweisung auf der Packung kochen.
2. Während der Reis kocht, Überbleibsel aus Gläsern mit Salsa- oder Taco-Sauce (oder was sonst würzig aussieht) in den Topf leeren, Fleischreste (Huhn, Schinken, Rind, Schwein) schnetzeln und ebenfalls nach und nach in den Topf geben – aber den Deckel geschlossen halten, wenn man gerade nichts hineintut.
3. Eine Limette (mit Schale) in Scheiben schneiden und diese in den Topf geben.

4. Die Zutaten unter den kochenden Reis rühren. Da die Kochzeit sich je nach deren Wassergehalt ändern kann, ab und zu umrühren und probieren, ob der Reis gar ist.
5. Das Gericht ist fertig, wenn das Wasser völlig absorbiert und der Reis weder zu weich noch zu trocken ist.

Tipp **Wem diese Garmethode zu anstrengend ist, der kann auch »Wasserreis« kochen: Den Reis ins kochende Wasser geben, gar kochen und durch ein Sieb abgießen. Auch dieser gekochte Reis (oder ein Rest vom Vortag) eignet sich als Reste-Reis: Einfach etwas Öl in eine Pfanne geben, Reis und Zutaten zugeben und unter ständigem Rühren garen und vermischen.**

GUACAMOLE NACH ART DES HAUSES

1. Eine Avocado schälen, zerdrücken und zu einer glatten Masse verrühren.
2. Je einen Spritzer Zitronensaft und Sojasauce, je 1 fein gehackte Chilischote und rohe Tomate, 1 EL fein gehacktes Koriandergrün und Knoblauch nach Geschmack zugeben.
3. Je 1 Prise Salz und Pfeffer zugeben.
4. Gut verrühren.

NARRENSICHERE GEMÜSEPFANNE

Wie bleiben unter Rühren gebratene Gemüse knackig? Einfach nicht alles auf einmal in die Pfanne geben. Bei der perfekten Gemüsepfanne beginnt man mit den Würzmitteln.

1. Eine große, tiefe Pfanne mit Olivenöl ausgießen (gerade so viel, dass der Boden bedeckt ist).
2. Zwiebeln, Knoblauch, Salbei, Thymian und/oder Rosmarin in die Pfanne geben. Wer's scharf mag, gibt eine Prise Wasabi-Pulver dazu (aber Vorsicht, damit die anderen Zutaten nicht übertönt werden).
3. Nun die harten, knackigen Zutaten wie Paprika, Broccoli, Erbsen und Karotten hinzufügen.
4. Danach die halbweichen Zutaten einrühren – z. B. Pilze, Zucchini, Kürbis.
5. Blattgemüse wie Spinat, Mangold, Kohl und Sprossen wie Bohnensprossen kommen ganz zum Schluss dazu, damit sie nicht zu weich werden.

MASCARPONECREME MIT HIMBEEREN

1. 250 g Mascarpone, 150 g Joghurt und 1 Päckchen Vanillezucker mit einem Schneebesen glattrühren.
2. 2 EL Puderzucker darübersieben und unterrühren.
3. 125 g frische (verlesene) oder aufgetaute tiefgekühlte Himbeeren unter die Creme rühren.
4. Die Creme in vier (für Süßmäuler: zwei) Portionsschälchen verteilen und leicht mit Puderzucker und Kakao bestäuben. Falls man frische Himbeeren verwendet, einige Früchte zur Dekoration aufheben.

ROTE GRÜTZE

1. 750 ml Fruchtsaft (passend zu den verwendeten Früchten) aufkochen.
2. 75 g Speisestärke in etwas kaltem Wasser verquirlen und in den aufgekochten Fruchtsaft rühren.
3. 2 EL Zucker und 1 Päckchen Vanillezucker einrühren und nochmals aufkochen lassen.
4. Vom Herd nehmen, 750 g frische oder aufgetaute tiefgekühlte Beeren (z. B. rote/schwarze Johannisbeeren, Himbeeren, Brombeeren, Blaubeeren, Erdbeeren oder Mischung) in den Topf geben und vorsichtig untermischen.
5. Abgekühlt in den Kühlschrank stellen. Mit flüssiger oder geschlagener Sahne oder mit Vanillesauce servieren.

4. Kapitel: Haushaltsführung

Sauberkeit ist eine ganz einfache Sache. Und ein ganz einfaches Ziel. Warum nur ist es dann so elend kompliziert, seine Wohnung sauber zu machen und sauber zu halten?

Für jede Arbeit gibt es ein Werkzeug, ein Mittel und einen Trick. Außerdem verlangt eine gute Haushaltsführung eine *Infrastruktur:* gute Angewohnheiten, gute Organisation und Entschlossenheit. Baut man die auf, kommt das Übrige ganz von selbst – aber nicht ohne ein Quäntchen von Mamas magischem Know-how. Und so schafft Mama das alles, ohne auch nur ins Schwitzen zu kommen.

Grundkurs Reinigungsmittel

> Damit das Haus glänzt, braucht man nicht mehr als drei simple Reinigungsmittel.

Wenn man im Supermarkt durch den Gang mit den Putzmitteln geht, gewinnt man den Eindruck, man könnte einen ganzen Schrank, wenn nicht gar ein ganzes Zimmer mit speziellen Wasch- und Reinigungsmitteln füllen. Für jedes erdenkliche Material stehen vier oder fünf Mittel zur Auswahl, jedes angeblich speziell für die Bedürfnisse eines bestimmten Bereichs entwickelt. Und welches ist am besten? Das schäumende oder das flüssige? Das flüssige mit dem neuen Frischeeffekt oder die günstige, aber übelriechende Billigmarke?

Erinnern Sie sich an den Schrank unter der Spüle in der Küche Ihrer Kindheit: Mama benutzte offenbar höchstens drei oder vier Putzmittel, manche davon sogar ohne Etiketten.

Für den gesamten Hausputz benötigen Sie ein mildes **Scheuermittel**, einen **Allzweckreiniger** und ein **Spülmittel** – das im Allgemeinen nur zum Abwaschen verwendet wird, sich für alle möglichen anderen Zwecke aber ebenso eignet. Alles, was Sie sonst noch brauchen, können Sie sich in unterschiedlichen Konzentrationen aus Produkten mischen, die Sie sowieso zur Hand haben, etwa Essig, Soda und Alkohol, und einigen weiteren Substanzen, deren Anschaffung nicht schaden kann – wie Ammoniak und Zitronensäure. Kaufen Sie einen Plastikeimer und bewahren Sie darin mehrere leere Sprühflaschen auf, mit denen sich im Notfall improvisieren lässt.

MAMA SAGT: »Man muss wissen, welcher Reiniger für welche Flächen geeignet ist.«

1. **Scheuermittel** eignen sich zum Scheuern von Porzellan- und Edelstahlspülen, Badewannen, Armaturen und Herdmulden.
2. **Allzweckreiniger** verwendet man praktisch für alles andere.
3. Das gute alte **Spülmittel** ist perfekt für Fettiges und zur Fleckentfernung.

Bei den Scheuermitteln sollte man sich eher für Scheuermilch als für Scheuerpulver entscheiden. Scheuerpulver kann empfindliche Oberflächen (z. B. bei Armaturen oder Edelstahlteilen) aufrauen und verkratzen, außerdem reizt es die Atemwege. Wählen Sie ein umweltfreundliches Produkt, davon profitiert nicht nur die Umwelt, sondern auch Sie und Ihre Wohnung.

Tipp

Soda ist das klassische Putzmittel aus Mamas Küche und vielseitig zu verwenden: als Scheuermittel, als Bleichmittel für weiße Wäsche und für tausend andere Zwecke. Im Notfall tut es übrigens auch Sand: Damit lassen sich nicht nur Spüle und Arbeitsflächen schrubben, sondern auch Töpfe mit angebrannten Resten.

Allzweckreiniger gibt es in den verschiedensten Ausführungen. Hier haben wir es besser als Mama. Die besten Allzweckreiniger wurden vor gerade einmal 25 Jahren für industrielle Zwecke entwickelt und kamen erst zehn Jahre später in die Supermarktregale. Sie eignen sich für so ziemlich jeden Zweck vom Kristallglas bis zum Auto. Auch hier sollte man auf umweltfreundliche Produkte achten. Unverdünnt oder mit Wasser gemixt wirken Allzweckreiniger ebenso gut wie diverse Spezialprodukte, seien es nun Badewannen-, Fliesen- oder antibakterielle Reiniger. Auch mit Mamas Spezialmischungen halten sie mit.

Allzweckreiniger sind so vielseitig, dass man auf ein Spülmittel wahrscheinlich verzichten könnte, man müsste sich aber definitiv Gummihandschuhe anschaffen, wollte man ständig so starke Reinigungsmittel benutzen. Spülmittel lösen und entfernen Fett von Geschirr und Kochgeräten, ohne die natürlichen Fette an unseren Händen anzugreifen – weshalb sie sich auch zur Reinigung von Textilien, Polstermöbeln, Teppichen und notfalls sogar Haaren eignen. Es gibt auch Spülmittel auf pflanzlicher Basis; sie sind aber weniger effektiv als synthetische.

Alternative Allzweckreiniger

Wenn Sie mit den üblichen Allzweckreinigern nicht zufrieden sind, können Sie sich Ihren eigenen Reinigungscocktail mixen.

1. 60 g Soda in 1 l warmem Wasser auflösen oder 160 g Soda, 60 ml Essig und 60 ml Ammoniak in 4 l warmem Wasser auflösen.
2. 60 ml Weißweinessig, 1 EL Stärkemehl und 2 l warmes Wasser vermischen.
3. Essig ist ein ausgezeichnetes Reinigungsmittel. Wer seine Wohnung regelmäßig säubert und keine starken Verschmutzungen zu beseitigen hat, kann alles, was nicht gescheuert werden muss, sehr gut mit Essig reinigen. Wischt man damit häufig den Backofen aus, bleibt er sauber. Sprüht man Duschvorhänge und Badezimmerwände regelmäßig damit ein, glänzen sie auch weiterhin und setzen keinen Schimmel an. (Wer den Geruch nicht mag, kann Zitronensaft oder Orangenschale zusetzen.)

Entkalken leicht gemacht

Wer in einer Gegend mit weichem Wasser lebt, kann diese Seite getrost überblättern. Ist man jedoch mit Wasserhärte 3 oder 4 geschlagen, verlängert regelmäßiges Entkalken die Lebensdauer von Geräten – und sorgt dafür, dass Kaffee und Tee gut schmecken und keinen pelzigen Geschmack auf der Zunge hinterlassen. Natürlich gibt es in der Putzmittelabteilung für jedes nur erdenkliche Gerät einen Spezialentkalker – aber auch hier tun es wenige, einfache Mittel genauso gut.

Mit **Essigwasser** lassen sich Wasserkocher sowie alle möglichen Kaffeemaschinen mühelos entkalken: Einfach bis zur gewünschten Höhe Wasser und Essig (4:1) einfüllen, aufkochen und mindestens 30 Minuten einwirken lassen. Essigwasser weggießen und zweimal mit klarem Wasser nachkochen, bevor man Getränke zubereitet. Noch preiswerter geht es mit **Essigessenz**, davon genügt ein Teil auf acht Teile Wasser.

Ein anderer Universal-Entkalker ist **Zitronensäure**, mit der man auch Wasch- und Spülmaschinen entkalken kann. Die korrekte Dosierung für jeden Zweck ist auf der Packung angegeben.

Mit Essig oder Zitronensäure entfernt man außerdem Kalkablagerungen an Armaturen, Bügeleisen, auf Fliesen, Waschbecken, Badewannen – einfach überall dort, wo hartes Wasser seine Spuren hinterlassen hat.

Durchblick beim Fensterputzen

Es gibt viele Methoden, Glas zu reinigen, aber gar nicht so viele Methoden, Glas rein zu bekommen.

Wer makellose Fenster haben will, braucht genau das richtige Reinigungsmittel (zur Entfernung von hartnäckigem Schmutz), die genau richtige Methode (damit es keine Streifen gibt) und genau die richtige Tageszeit (ebenfalls, damit es keine Streifen gibt). Aber welches Reinigungsmittel ist das richtige, und wie wendet man es an? Und wie beseitigt man diese lästigen Fusselreste?

Um die letzte Frage zuerst zu beantworten: Nehmen Sie kein Tuch. Zwar empfehlen manche Experten sauberen, weichen Stoff, aber zusammengeknülltes Zeitungspapier funktioniert einfach am besten. Die Chemikalien in der Druckerschwärze hinterlassen auf dem Glas einen schmutzabweisenden Film, und das Papier macht im Gegensatz zu Tüchern keine Fusseln.

Was die Technik angeht, so gibt es mehrere Tricks zum perfekten Fensterputzen:

1. Fenster niemals bei direkter Sonneneinstrahlung putzen, vor allem nicht bei heißem Wetter. Trocknet das Glas zu schnell, gibt es Streifen.

2. Falls Sie beide Seiten des Fensters putzen (und das wollen wir doch hoffen), arbeiten Sie auf einer Seite von oben nach unten, auf der anderen von links nach rechts. Gibt es doch einmal Streifen, sehen Sie so wenigstens, auf welcher Seite sie sitzen.

MAMA SAGT: »Selbstgemachte Fensterputzmittel sind noch besser als fertig gekaufte.«

1. Für normal verschmutzte Fenster eine Sprühflasche mit warmem Wasser und einem Esslöffel Weißweinessig füllen. Fenster einsprühen und sofort wischen. Etwaige Streifen mit purem Essig ausreiben.
2. Bei besonders schmutzigen oder fettigen Fenstern 60 ml Ammoniak mit ca. 2 l Wasser verdünnen, die Lösung in eine leere Sprühflasche füllen, dann wie gewohnt einsprühen und nachwischen.
3. Flecken mit reinem Alkohol entfernen: einfach auftupfen und abwischen.
4. Bei zerkratzten Fenstern etwas Zahnpasta (kein Gel!) in die Kratzer reiben und mit einem Tuch polieren. Das Ergebnis wird Sie verblüffen.

Wenn Sie fertig sind, blinken Ihre Fenster genauso wie die von Mama!

So ist die Spülmaschine optimal beladen

Wer das Geschirr richtig einräumt, nutzt seine Spülmaschine optimal.

Spülmaschinen begegnen wir häufig mit misstrauischem Respekt – manchmal sogar mit Angst. Viele von uns sind mit der Vorstellung aufgewachsen, man müsse die Spülmaschine dadurch besänftigen, dass man das Geschirr zuerst in der Spüle abwäscht, sonst würde die Maschine explodieren wie ein erzürnter Gott und ihren Zorn über den Küchenboden ergießen. Aber eigentlich muss man nur wissen, was Mama schon immer wusste: wie man die Maschine richtig belädt.

MAMA SAGT: »Pack die Gummihandschuhe weg – und lass die Spülmaschine die Drecksarbeit machen.«

1. Öffnen Sie die Tür der Spülmaschine und prüfen Sie, wo unten das Wasser einströmt und in der Mitte durch den unteren Auszug fließt. Dieser Bereich darf nicht durch Topf- und Pfannengriffe blockiert sein.
2. Man braucht vorm Beladen nicht sämtliche Speisereste vom Geschirr zu schaben: Der Geschirrspüler wird mit so ziemlich allen Überbleibseln fertig – außer mit Knochen, Knorpeln und anderen harten Abfällen.

3. Den unteren Auszug von vorn nach hinten in folgender Reihenfolge einräumen: Salat- und Rührschüsseln, große Teller sowie schwere Töpfe und Pfannen, die den Wassereinfluss nicht behindern. Schmutzige Flächen sollten nach unten zeigen, zum Wasser hin.

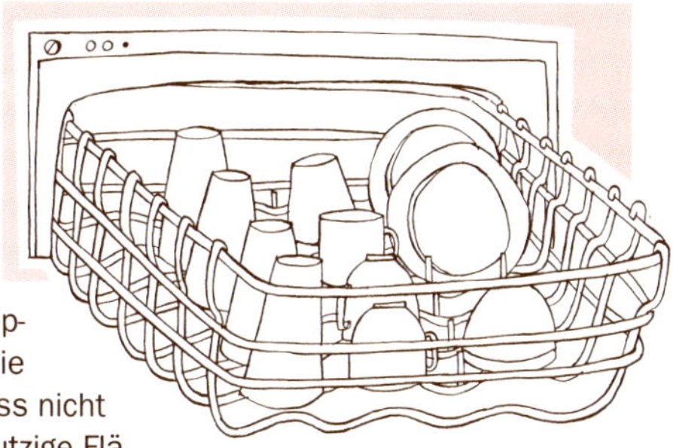

4. Flache Teile wie Backbleche passen gut an die Seiten oder die Rückwand des unteren Auszugs; die schmutzige Fläche muss dabei nach innen zeigen.

5. Der obere Auszug ist für leichte Kunststoffteile, Gläser sowie kleinere Teller und Schüsseln bestimmt. Plastikbecher und -behälter nach Möglichkeit zwischen schwereren Glas- oder Keramikteilen festklemmen, damit das Wasser sie nicht umwirft.

6. Bestecke mit den Griffen nach unten in den Besteckkorb stellen (Ausnahme: bei scharfen Messern die Klinge nach unten und den Griff nach oben).

Herdpflege leicht gemacht

Lassen Sie Ihren Herd nicht zum Biotop für festgebackenen Schmutz verkommen – halten Sie ihn sauber!

Den Herd sauber zu halten ist eine ganz simple Sache, vor allem, wenn Sie der Typ sind, der regelmäßig putzt. Einfach nach jedem Gebrauch Platten und Herdmulde mit einem feuchten Schwamm abwischen. Etwa einmal im Monat kann man die Schalter abmontieren und im Spülwasser einweichen, um hartnäckigen Schmutz zu entfernen. Dann geht es an den Backofen.

Mama sagt: »Sieh in die Gebrauchsanweisung, bevor du mit dem Putzen anfängst.«

Sie müssen wissen, ob Sie einen selbstreinigenden oder normalen Backofen besitzen.

1. **Selbstreinigende Backöfen** haben eine spezielle Reinigungseinstellung, bei der sich versengte Reste und Fettflecken mit beängstigender Geschwindigkeit in Asche verwandeln. Während dieses Vorgangs unbedingt das Küchenfenster öffnen oder die Dunstabzugshaube einschalten, da der Rauch Wände und Möbel schwärzen kann. Nach dem Vorgang einfach die Asche mit einem feuchten Tuch wegwischen und den Backofen von außen mit Spülmittel oder Allesreiniger säubern.

2. **Moderne Backöfen** haben eine spezielle Porzellanbeschichtung, die organische Stoffe bei normalen Backtemperaturen verbrennt. Die Wartung beschränkt sich darauf, den abgekühlten Backofen mit einem feuchten Tuch auszuwischen.

3. **Herkömmliche Backöfen** brauchen deutlich mehr Pflege. Eingebrannte Flecken lassen sich vermeiden, wenn man Verschüttetes sofort wegwischt und den Boden des Backofens mit einem Backblech schützt. Alle paar Monate sollte man Fettflecken entfernen, indem man eine Schale mit 120 ml Ammoniak über Nacht im warmen Backofen stehen lässt (bei abgeschaltetem Backofen und geschlossener Backofentür). Morgens einfach die Schale herausnehmen und die Reste mit heißem Wasser und Spülmittel wegwischen. Falls das Resultat nicht befriedigend ausfällt, kann man immer noch auf einen Backofenreiniger zurückgreifen (nach Gebrauchsanweisung anwenden).

Staubwischen und Polieren im Handumdrehen

Wer will, dass seine Möbel lange halten sollen, sollte sich mit Holzpflege auskennen.

Wenn Sie nicht gerade Glas und Chrom bevorzugen (und sich leisten können), haben Sie vermutlich eine Menge Holz im Haus. Und dank Mama haben sich die Grundregeln der Holzpflege wahrscheinlich längst in Ihr Hirn eingebrannt: immer Untersetzer benutzen, niemals Stühle über den Boden ziehen,

Verschüttetes sofort aufwischen und auf dem schönen Holztisch keine Blumen gießen.

Über die bloße Verhütung hinaus gibt es aber noch eine ganze Welt der Holzpflege. Damit Holzfußböden und -möbel Glanz und Schönheit bewahren, brauchen sie eine spezielle Pflege.

MAMA SAGT: »Wenn du regelmäßig Staub wischst und deine Möbel polierst, kannst du jederzeit Besuch empfangen.«

1. Vor dem Polieren immer Staub wischen. Wischt man einmal in der Woche Staub, bleiben die Oberflächen sauber, und man entdeckt kleine Flecken und Unregelmäßigkeiten, bevor sie sich zu größeren Problemen auswachsen.
2. Bei dem Mittel, das man zu Anfang benutzt, muss man für alle Zeiten bleiben. Wer mit Wachs beginnt, muss auch weiterhin wachsen – reibt man Öl in eine Wachsschicht ein, entsteht eine klebrige, karamellisierte Oberfläche.
3. Möbelpolitur sollte man nur drei- bis viermal pro Jahr auftragen; bei häufigerem Einsatz wird die Oberfläche wolkig statt glänzend.
4. Die Holzflächen so häufig wie nötig feucht wischen, entweder mit Seifenlauge oder mit einer speziellen Ölseife.
5. Flecken immer sofort entfernen: Wasserflecken mit Zahnpasta behandeln (mit einem Lappen, nicht mit der Zahnbürste). Größere Wasserflecken entfernt man, indem man einen saugfähigen Lappen oder ein Geschirrtuch auf die Stelle auflegt und diese dann mit einem warmen Bügeleisen behandelt.

Fettflecken mit Salz einstreuen, um das Fett aufzusaugen und seine Ausbreitung zu verhindern. Kratzer mit einer Mischung aus zwei Teilen Zitronensaft und einem Teil Speiseöl behandeln. Alkohol- oder milchhaltige Produkte können Holzoberflächen nachhaltig schädigen, wenn sie nicht sofort entfernt werden. Alkoholflecken entfernen Sie am besten mit einem mit Zitronenöl befeuchteten, Milchflecken mit einem mit Ammoniak befeuchteten Tuch.

Die Kunst des Staubwischens

Wer beim Staubwischen nicht methodisch vorgeht, sieht sich bald einem Hauptproblem des Haushalts gegenüber: Wischt man nicht zuerst Staub, so verteilt man den Schmutz nur neu, statt ihn zu beseitigen. Deshalb immer mit dem Staubwischen beginnen, sonst wischt man den Staub auf alle bereits geputzten Oberflächen (nämlich die Böden).

1. Wahl der Waffen: Mit einem Staubwedel macht es vielleicht mehr Spaß, gründlicher putzt aber ein normales Baumwolltuch.
2. Oben anfangen: hohe Simse und Stuckleisten, die Oberkante der Fensterrahmen, Bilderrahmen und sämtliche hoch gelegene Flächen abstauben.
3. Dann Lampenschirme und Regaloberseiten wischen.
4. Jetzt wird's staubig: Regalbretter nacheinander von oben nach unten ausräumen, auswischen und anschließend Bücher, Bilder und andere Gegenstände wieder an ihren Platz stellen.
5. Tischplatten aller Couch- und Beistelltische abwischen, dabei die Beine und Staubfänger, wie z. B. Schnitzarbeiten, nicht vergessen.
6. Zum Schluss alle Fußleisten abstauben, damit Staubansammlungen komplett verschwinden.

Bevor man seine Möbel poliert, gilt es nicht etwa, zuerst herauszufinden, mit welcher Holzart man es zu tun hat, sondern wie das Holz versiegelt ist. Weiche, ölhaltige Versiegelungen pflegt man mit ölhaltiger Politur, harte Oberflächen wie Lack oder Polyurethan verlangen andere Mittel. Oft lässt sich durch bloßen Augenschein schwer feststellen, wie ein Möbelstück versiegelt ist. Fast jede Versiegelung gibt es in matter, seidenglänzender und hochglänzender Ausführung, und was für die eine richtig ist, könnte die andere ruinieren. Neue Möbel werden oft mit einer Pflegeanleitung geliefert – bei alten oder antiken Stücken muss man selbst entscheiden.

Probieren Sie ein Allzweckpflegemittel für Holz an einer versteckten Stelle des Möbelstücks aus. (Solche Reinigungsmittel gibt es auf Öl- oder Wachsbasis, als Flüssigkeit, Creme oder Spray; manche sollen gegen Kratzer wirken, andere Glanz verbreiten, aber die Gesamtwirkung ist bei allen ziemlich die gleiche.) Falls Ihnen das Ergebnis gefällt, machen Sie weiter. Befolgen Sie die Gebrauchsanweisung: feuchtes oder trockenes weiches Tuch, sanft oder stark reiben? Die meisten Holzpflegemittel schützen das Holz im Grunde nicht – man muss sich immer noch vor Flecken, Ringen und Kratzern in Acht nehmen.

Und wer sich für ein Sprühwachs entschieden hat, muss die Wachsreste regelmäßig (wenn die Politur langsam matt oder fleckig wird) durch Reinigung mit flüssiger Politur oder einem terpentingetränkten Tuch entfernen.

Wollen Sie kreativ sein, können Sie sich Ihre Möbelpolitur auch aus zwei Teilen Öl (geeignet ist jedes Speiseöl) und einem Teil Zitronensaft selbst mixen. In einer Sprüh- oder Kunststoffflasche mischen und mit einem weichen Tuch kleinflächig auftragen. Damit es keine Streifen gibt, lieber in kleinen Kreisen statt in geraden Linien auftragen und mit einem sauberen Tuch trocken wischen.

Tipp **Parfümieren kann man seine selbst gemixte Möbelpolitur, indem man statt des Speiseöls einige Tropfen ätherisches oder Duftöl zugibt oder etwas Lavendel oder Rosmarin hinzufügt.**

MAMA SAGT: »Holzfußböden pflegt man anders als Holzmöbel.«

1. Verwenden Sie für Ihre Holzfußböden niemals Möbelpolitur, es sei denn, Sie sind sehr gut im Schlittschuhlaufen. Lesen Sie die Etiketten auf den Möbelpoliturflaschen; den Warnhinweis auf extreme Rutschgefahr sollten Sie durchaus ernst nehmen.
2. Die Böden mit einem harten Besen ausfegen, der auch in die Ecken kommt.
3. Den Schmutz auf eine Kehrschaufel fegen und in den Müll schütten.
4. Für die normale Reinigung in einem Eimer eine schwache Lösung aus einem Teil Essig auf vier Teile Wasser mischen. Mit einem altmodischen Mopp auf dem Boden verteilen – bei Mopps mit Auswringvorrichtung muss man den Boden danach mit einem

Handtuch trocken wischen. (Solche Mopps hinterlassen oft Wasserpfützen, die dem Boden schaden können.)

5. Bei stärkerer Verschmutzung Ölseife nach Gebrauchsanweisung auf der Flasche verwenden oder mit einem flüssigen terpentinhaltigen Reinigungswachs arbeiten. Bei Letzterem alle Fenster öffnen und Dunstabzugshaube einschalten.

6. Alle zwei Monate die Fugen zwischen den Dielen säubern. Das geht am besten mit einem Pinsel mit langen Borsten, notfalls tut es aber auch eine Zahnbürste.

Marmor- und Natursteinpflege

Marmor-, Schiefer- und Keramikflächen brauchen besondere Pflege.

Marmor ist zwar ein Stein, aber als solcher nicht besonders hart. Mit den Schuhen hereingetragener Schmutz kann ihn verkratzen, die Säure im Essig kann ihn beschädigen. Grenzt Ihr Holzfußboden also irgendwo an einen Marmorboden, müssen Sie mit dem Essigreiniger ganz besonders vorsichtig sein.

MAMA SAGT: »Für jede Oberfläche gibt es eine richtige und eine falsche Reinigungsmethode.«

1. Marmor reinigt man mit warmem Wasser und Spülmittel und wischt sofort trocken nach, damit das Wasser nicht einzieht und keine Flecken hinterlässt.

2. Hartnäckige Flecken mit Ammoniak und Wasserstoffperoxid behandeln. Einer kleinen Flasche Peroxid einige Tropfen Ammoniak zusetzen und die Lösung auf den Marmor auftragen.
3. Mit Frischhaltefolie zudecken, diese mit Klebeband oder Gewichten fixieren und über Nacht einwirken lassen.
4. Folie abnehmen, Lösung mit dem Schwamm abwischen und die Stelle trockenreiben.
5. Für sehr hartnäckige Flecken: Stelle mit feuchtem Tuch und Soda einreiben. Bleibt danach ein matter Fleck auf dem Marmor zurück, die Stelle anfeuchten, mit etwas Zinnoxid-Pulver einreiben und mit einem dicken weichen Tuch nachpolieren.
6. Nach dem Reinigen den Marmor mit einer speziellen Marmorpolitur pflegen (steht in den meisten Geschäften neben der Möbelpolitur).
7. Fliesen und Schiefer lediglich mit klarem, warmem Wasser reinigen. Die Fugenmasse sollte niemals mit öl- oder säurehaltigen Chemikalien in Berührung kommen.
8. Fliesenfugen alle zwei Wochen mit Schwamm oder Zahnbürste und einer mittelstarken Lösung aus Wasserstoffperoxid und Wasser (ein Teil Peroxid auf vier Teile Wasser) reinigen – wer die Fugen jedoch oft genug säubert, kann vielleicht ganz auf Chemikalien verzichten. Wer die Fugen mit einem harten Radiergummi behandelt, wird über das Ergebnis staunen! Zur gründlichen Reinigung unverdünntes Peroxid mit einem Schwamm auf die Fugen auftragen, mit Frischhaltefolie abdecken, damit es nicht verfliegt, und über Nacht einwirken lassen (oder so lange, bis die Fugen weiß genug sind). Nach Abnehmen der Folie überschüssiges Peroxid mit einem Schwamm abwischen.

Tipp **Farbige Fugen nicht mit Peroxid säubern – es sei denn, sie sollen weiß werden!**

Tipp **Hochwertiger Stein sollte niemals mit Scheuermitteln behandelt werden. Bei besonders schlimmen Flecken einen Experten zu Rate ziehen – bitten Sie den Händler, Ihnen jemanden zu empfehlen.**

So bleibt der Staubsauger fit

Nicht vergessen: Staubsaugerbeutel regelmäßig wechseln.

Hin und her, hin und her, zehn-, fünfzehn-, zwanzigmal ... und Sie versuchen immer noch, dieses Fädchen aufzusaugen, das sich in Ihrem Teppich verkrallt hat! Die Saugleistung Ihres Staubsaugers lässt eindeutig zu wünschen übrig.

Für dieses Problem gibt es eine simple Lösung: Wechseln Sie einfach den Staubsaugerbeutel. Selbst wenn der Beutel weder voll aussieht noch sich voll anfühlt, ist die Öffnung vielleicht durch Staub oder Feinstaub verstopft, und es ist Zeit, den alten Beutel wegzuwerfen.

Haben Sie eine Gebrauchsanleitung für Ihren Staubsauger, schauen Sie nach, welche Beutel er benötigt. Bei gebrauchten Modellen müssen Sie (im Super-, Drogerie- oder Baumarkt) die Packungen studieren, bis Sie Ihr Staubsaugermodell finden.

Wenn Sie die richtigen Beutel besorgt haben, nehmen Sie den alten heraus. Die meisten Beutel sind mit dem Staubsauger durch eine Pappscheibe verbunden, die die Öffnung sicher verschließt. Legen Sie den Fußboden mit Zeitungen aus und stellen Sie den Staubsauger darauf, so dass der Staub aufs Papier fällt. Die Pappscheibe vorsichtig abziehen, den vollen Beutel wegwerfen und den neuen einsetzen. (Danach sollte der neue Beutel genau wie der alte aussehen – nur leer.)

Ob mit oder ohne neuen Beutel – die Saugkraft kann beträchtlich leiden, wenn ungeeignete Gegenstände angesaugt werden. Daher sollte man sämtliche Münzen, Heftklammern, Reißzwecken, Nägel, Gummibänder und längere Schnur- oder Fadenstücke vor dem Saugen aufsammeln. Haben Sie versehentlich doch ein solches Teil aufgesaugt, schalten Sie den Staubsauger sofort ab und ziehen den Stecker, bevor Sie in die Bürste greifen und den Fremdkörper entfernen.

Tipp **Schnüre und Fäden können dem Staubsauger schaden, weil sie sich nach dem Aufsaugen um die Bürste wickeln, bis man einen beißenden Brandgeruch wahrnimmt. Entfernt man Fäden nicht sofort, können sie sich im Ventilator des Motors verfangen und ihn beschädigen.**

Ein Herz fürs Sofa

Die beste Methode, seine Polster zu schützen, besteht darin, sie von Anfang an zu pflegen.

Wenn Sie Glück hatten, gab es in Ihrer Familie eine verrückte Großtante, die ihr Sofa in Plastik einhüllte und Sie nicht darauf liegen ließ, ehe Sie die Schuhe ausgezogen hatten. Hatten Sie weniger Glück, befand sich diese plastikumhüllte Couch bei Ihnen zu Hause – und Mama wachte darüber.

Mama und die diversen alten Damen haben durchaus einen Grund für ihre extremen Maßnahmen zum Polsterschutz: Manche Stoffe lassen sich zwar mit einem schmutzabweisenden Mittel behandeln, aber solche Mittel können nur lindern, nicht heilen. Und für Florstoffe wie Samt, Wildleder und Chenille (und alle weichen oder flauschigen Textilien) dürfen sie nicht verwendet werden. Leder, Wildleder und viele Mischgewebe kann man überhaupt nicht selbst reinigen.

MAMA SAGT: »Lies das Pflegeetikett, bevor du versuchst, dein Sofa zu reinigen.«

Unter oder hinter dem Sofa findet sich häufig ein Etikett mit den geheimnisvollen Buchstaben S, W, S/W oder X.

S = nur chemische Reinigung
W = nur mit Wasser reinigen
S/W = chemisch oder mit Wasser reinigen

X = gar nicht reinigen, nur mit Bürste behandeln

Haben Sie ein W- oder S/W-Stück, reinigen Sie es vorsichtig. Drücken Sie keinesfalls einfach Spülmittel auf einen Lappen:

1. Ein Teil Spülmittel auf vier Teile Wasser geben und in einer Schüssel mit Löffel oder Pürierstab aufschlagen, bis sich Schaum bildet.
2. Weiche Bürste oder grobes Tuch in den Schaum tauchen und damit den Stoff einreiben. Wenn Sie das Sofa nur insgesamt säubern und keine Flecken behandeln, sollten Sie an einer versteckten Stelle ausprobieren, ob sich der Stoff dabei verfärbt.
3. Ist das Ergebnis zufriedenstellend, können Sie loslegen. Erwarten Sie aber keine Wunder: Manchen Flecken – besonders älteren – ist Geschirrspülmittel einfach nicht gewachsen. Und manche Stoffe vertragen überhaupt keine Seife: Falls die Stelle, an der Sie reiben, sich verfärbt oder verblasst, der Stoff einläuft oder an Glanz oder Struktur verliert, muss das Möbelstück vom Profi gereinigt werden. (Achtung: Professionelle Polsterreinigung ist nie billig, nur bedingt erfolgreich und bisweilen tödlich für die Polstermöbel. Suchen Sie sich eine Firma, die auf Ihren Bezugsstoff spezialisiert ist, und hoffen Sie das Beste.)

Falls die Experten Ihr Sofa nicht retten können, bleiben Ihnen drei Möglichkeiten: ein neuer Bezug, ein passender Schonbezug oder ein Anruf beim Gebrauchtmöbellager.

Schimmelbekämpfung

Gesunder Menschenverstand und wöchentliches Putzen können im Bad Wunder wirken.

Schimmel gehört zur Gruppe der Pilze, deren Sporen sich durch die Luft verbreiten und sich auf praktisch jeder Oberfläche ansiedeln können, ob feucht oder trocken (Feuchtigkeit beschleunigt lediglich die Ansiedlung). Erstickt man die Ansiedlung von Schimmelsporen im Keim, können sie gar nicht erst eine blühende Kultur entwickeln.

MAMA SAGT: »Zeig dem Schimmel, wer Herr im Haus ist.«

1. Beim Duschen das Fenster öffnen, auch wenn es draußen kalt ist, oder eine Belüftung einbauen. Der Dampf muss schließlich irgendwo hin, sonst schlägt er sich auf den Oberflächen im Bad nieder und beschleunigt die Schimmelbildung.
2. Nach dem Duschen die Wände abwischen oder mit einem Essig-Wasser-Zitronen-Cocktail einsprühen (zwei Teile Wasser, je ein Teil Zitronensaft und Essig). Ist Ihnen der Essig-Zitronen-Geruch zu penetrant, verwenden Sie ein herkömmliches Fliesenspray.
3. Duschvorhang oder Duschtrennwand und die Wände der Duschkabine einsprühen. Einreiben oder Schrubben ist nicht nötig – einfach einsprühen und trocknen lassen.

4. Falls der Pilz sich doch ausbreitet – am ehesten in den Fugen –, mit Zahnbürste oder Schwamm unverdünnte Chlorbleiche (oder verdünnt, ein Teil Bleiche auf fünf Teile Wasser) oder einen Spezialreiniger auftragen.
5. Lösung eine Weile einziehen lassen, dann mit der Zahnbürste schrubben.
6. Mit derselben Lösung nachspülen und so lange wiederholen, bis die Fuge ganz sauber ist.

Tipp **Beim Arbeiten mit Bleiche Gummi- oder Latexhandschuhe anziehen (bei empfindlichen Atemwegen auch eine Atemschutzmaske). Zur Belüftung das Badezimmerfenster öffnen und – falls man schon mit anderen Mitteln geputzt hat – die befallenen Oberflächen vor Auftragen der Bleiche mit Wasser abspülen. NIEMALS Bleiche in Verbindung mit anderen Putzmitteln verwenden.**

Wer Bleichmittel nicht verträgt, kann es auch mit Allzweckreiniger oder einem starken Scheuermittel probieren, das Endergebnis wird aber nicht befriedigen. Es werden schnell wieder neue Flecken auftreten, und alte halten selbst energischem Schrubben stand. (Falls Sie nicht mit Bleiche arbeiten wollen, sollten Sie sofort zuschlagen, wenn sich schwarze Flecken in Dusche oder Badewanne zeigen.)

Grenzen der Schimmelbekämpfung

Wer Badewanne oder Dusche über längere Zeit nicht pflegt, entdeckt vielleicht interessante Farben und Formen in dem sich bildenden Belag, der aber wahrscheinlich harmlos ist. Manche Schimmelarten lösen jedoch, wenn man ihnen ständig ausgesetzt ist, ernsthafte Atemwegserkrankungen, Kopfschmerzen, Übelkeit, Fieber, Rückenschmerzen und Müdigkeit aus. Wer in feuchtem Klima oder in einem ständig feuchten, alten oder schlecht gepflegten Haus lebt, sollte auf schwarze Flecken an Wänden und Decke achten. Treten solche Flecken auf, muss man möglicherweise professionelle Schimmelbekämpfer zu Hilfe rufen.

So wird die Toilettenschüssel sauber

Gründliche Vorsorge ist die beste Toilettenpflege.

Mit einer simplen vorbeugenden Maßnahme lässt sich die anstrengende Toilettenreinigung verhindern: Einmal pro Woche Chlorbleiche in die Toilette schütten, einige Minuten einwirken lassen und dann wegspülen.

Oder mit einer Bürste und Allzweckreiniger (drei bis vier großzügige Spritzer müssten reichen) bzw. Scheuersand/-milch die gesamte Toilettenschüssel einmal wöchentlich reinigen; dabei auch die Brille hochklappen und mit der Bürste in alle Ecken und Winkel unter dem Rand vordringen, um die Wasserdüsen zu säubern. Die Bürste sollte selbstverständlich nur für diesen Zweck benutzt werden!

Ist Ihnen die wöchentliche Reinigung zu anstrengend, müssen Sie die Toilette in regelmäßigen Abständen (d. h. zweimal monatlich) mit einem antibakteriellen WC-Reiniger putzen.

Tipp **Wenn Sie Klobürsten spießig oder hässlich finden, sollten Sie sich vielleicht eine jener Designer-Klobürsten leisten, die es in Wohnaccessoire-Geschäften mittlerweile in den tollsten Formen und Farben gibt. Je interessanter die Bürste ist, desto lieber werden auch Ihre Mitbewohner und/oder Gäste das Teil benutzen.**

Mamas Pflegeanleitung für Textilien

Gute Textilpflege lohnt Zeit und Mühe.

Maschinenwaschbar und *trocknergeeignet* gehören zu Ihren Lieblingswörtern. Vielleicht haben Sie es schon mal mit der Methode »waschen, trocknen, tragen, was noch heil ist« versucht (das ist zumindest einfach) – aber man kann sich immer noch verbessern. Der Trick ist, seine Textilien zu kennen und zu wissen, was sie vertragen.

Polyester: Polyester ist 100 Prozent Synthetik. Genau genommen ist es ein Öl – deshalb »atmet« Polyesterkleidung nicht sonderlich gut. Der Vorteil ist, dass sie gut waschbar ist, schnell trocknet, sich problemlos im Koffer verstauen lässt und weder knittert noch einläuft oder ausbleicht. ***Waschanleitung:*** Maschinenwäsche, meist 30 °C; trocknergeeignet.

Viskose: Viskose ist das Produkt einer Naturfaser und eines synthetischen Herstellungsvorgangs. Viskose ist heute viel robuster; früher musste man sie chemisch reinigen lassen. Manche Stoffe aus Viskose laufen bei jeder Wäsche etwas ein; beim Kauf von enger Kleidung sollte man das einkalkulieren. ***Waschanleitung:*** Hand- oder Feinwäsche (30 °C); zum Trocknen aufhängen.

Seide: Manchmal sind Innovationen einfach überflüssig. Wie vor über tausend Jahren wird Seide von dicken, verwöhnten Seidenraupen gesponnen. Und auch wenn Seide meist zu leichten Stoffen verwebt wird, kann sie Körperwärme genauso gut speichern wie Wolle. Gewirkte Seide z. B. von Strümpfen kann man mit der Hand waschen. Manche Seidenstoffe werden sogar eigens auf Waschbarkeit hin produziert (wie schon die Bezeichnung »Waschseide« sagt). Generell sollte man Seide jedoch chemisch reinigen lassen, sonst verblassen die Farben, und einige Stoffe werden im Wasser »blasig«. (Tipp: Wer es leid ist, Seidenschals, Krawatten und andere Accessoires in die Reinigung zu bringen, kann versuchen, sie in kaltem Wasser mit einem Spezialshampoo für gefärbtes Haar zu waschen.) ***Waschanleitung:*** Nur chemisch reinigen; Stretchstoffe kalt mit der Hand waschen; zum Trocknen aufhängen. Manche Seidenstoffe muss man bügeln; Bügeleisen auf die entsprechende Stufe einstellen.

Wolle: Wolle wird von Schafen unterschiedlicher Rassen sowie schafsähnlichen Tieren produziert und lässt sich zu den verschiedensten Geweben verarbeiten. Sie ist sehr warm, häufig kratzig und in der Regel nur chemisch zu reinigen. Manche Wollarten und Wollmischgewebe werden als »waschbar« vermarktet und sind es auch – in der Regel sollte man aber auf Nummer sicher gehen und sie in die Reinigung bringen, es sei denn, das Etikett fordert ausdrücklich zum Waschen auf.

Wollkleidung *niemals* in den Trockner stecken. (Wer es doch tut, hat hinterher tolle Puppenkleider.) ***Waschanleitung:*** Mit Ausnahme von waschbarer Wolle grundsätzlich reinigen lassen; auf das Pflegeetikett achten.

Leinen: Leinen ist eine aus Flachs gewonnene Naturfaser. Es trägt sich leicht und luftig – knittert aber wie eine Papiertüte. Knitterfreies Leinen gibt es nicht: Manche Stoffe knittern weniger als andere, Falten bekommen sie aber alle, wenn man darauf sitzt oder sie im Koffer zerdrückt. ***Waschanleitung:*** Maschinenwäsche; zum Trocknen aufhängen. Beim Bügeln heißt es, Ärmel aufkrempeln: Am besten in leicht feuchtem Zustand bügeln, Dampfbügeleisen oder Bügelhilfe benutzen. Ein Schuss Weichspüler kann auch nicht schaden.

Baumwolle: Warum Sie Baumwolle mögen, wissen Sie schon: Sie ist leicht, atmungsaktiv und extrem angenehm auf der Haut. Schwere Baumwollstoffe wie Jeansstoff oder Canvas kommen wie neu aus dem Trockner, Hemdenstoffe muss man bügeln – ob man sie nun zum Trocknen aufhängt oder nicht. Locker gewebte Stoffe laufen stärker ein als feste (wie Jeansstoff oder Canvas), aber im Großen und Ganzen laufen alle nicht vorbehandelten Baumwollstoffe bei der ersten Wäsche um mindestens 10 Prozent ein. Einige Baumwollvoiles (netzartige, transparente Gewebe) und -jerseys laufen sogar um nahezu ein Drittel ein. ***Waschanleitung:***

Maschinenwäsche (weiß als Kochwäsche, helle Farben bei 60, dunkle bei 30–40 °C); trocknergeeignet (locker gewebte Textilien aufhängen). Bei Bedarf bügeln, besonders wenn man Bügelfalten in der Hose wünscht.

Stretchstoffe: Es gibt zwei Arten von Stretchstoffen: Jersey (ein T-Shirt-ähnliches Material, das in alle Richtungen dehnbar ist) und Mischgewebe mit Lycra/Elasthan (nur in eine Richtung dehnbar, z. B. Stretchjeans). Jerseys können aus fast jeder Faser bestehen – Wolle, Baumwolle, Polyester, Seide. Lycra wiederum wird mit Baumwolle, Polyester oder Wolle zu einseitig dehnbaren Mischgeweben verarbeitet. Mit Ausnahme von Wolle und Wolle-Lycra-Mischungen sowie einigen Spezialfällen (etwa Geweben mit Metallic- oder Acetat-Fäden; vorm Waschen Pflegeetikett studieren!) sind die meisten Stretchstoffe waschbar. Baumwoll- und Polyesterjersey (d. h. T-Shirts) dürfen in den Trockner, Lycra-Mischungen sollte man jedoch zum Trocknen aufhängen; Lycra läuft bei zu großer Hitze ein oder verliert seine Elastizität. ***Waschanleitung:*** Maschinenwäsche (Temperatur siehe Pflegeetikett); zum Trocknen aufhängen (außer Baumwoll- und Polyesterjerseys, die den Trockner sehr gut vertragen).

Wäsche sortieren: der Schlüssel zum Erfolg

Waschbare Kleidung sollte sorgfältig sortiert werden, um Waschpulverspuren, Flusen, Einlaufen und Farbverlust zu vermeiden.

Sind Ihre Sachen jemals eingelaufen oder ausgeblichen, als Mama Ihnen noch die Wäsche machte? Wohl kaum. Mama wusste, dass sich die Lebenserwartung Ihrer Kleidung verlängern ließ, wenn sie die Mühe auf sich nahm und unterschiedliche Textilien separat wusch. Als Kind war das alles ein Buch mit sieben Siegeln für Sie, aber die Grundkenntnisse sind eigentlich ganz einfach zu beherrschen.

MAMA SAGT: »Du musst nur die richtige Temperatur und den richtigen Waschgang einstellen.«

1. Die Wäsche auf vier Haufen sortieren: Weiß, helle Farben, dunkle Farben und schwere Stoffe.
2. Alle Taschen ausleeren und alle Reiß- und Klettverschlüsse schließen. Dunkle Hosen auf links wenden, damit nichts ausfärbt oder verblasst.
3. Waschmittel in die Waschmaschine geben (Dosierungsvorschrift beachten) und die richtige Wassertemperatur einstellen. Je heller die Farbe, desto heißer kann man sie waschen.

4. Nun den Waschgang einstellen – für die meisten Textilien ist der normale Waschgang richtig, für empfindlichere gibt es spezielle Fein- und Wollwaschprogramme.

5. Anschließend die Wäsche einlegen. Maschine nicht zu stark füllen! Die Textilien locker in die Trommel schichten – nicht stopfen! Bei überladener Waschmaschine wird die Wäsche nicht richtig sauber, und Rückstände werden nicht vollständig ausgespült.

6. Waschmaschine anstellen, warten, bis sich das Waschmittel aufgelöst hat, dann nach Wunsch ein Bleichmittel zugeben.

7. Nach dem Waschgang Pflegeetiketten studieren, bevor man die Wäsche in den Trockner gibt (manche Teile muss man zum Trocknen aufhängen oder liegend trocknen). Und nicht vergessen, ab und zu das Flusensieb zu reinigen!

Trocknen auf eigene Gefahr

Nach einem Bericht der US-amerikanischen National Fire Protection Association von 1998 gab es zwischen 1993 und 1997 durchschnittlich 14 800 Wäschetrockner-Brände pro Jahr – das sind 40 Brände pro Tag. Pro Jahr kommt es durch Flusen im Trockner allein in den Vereinigten Staaten zu 14 Todesfällen, 307 Verletzten und 75,2 Millionen Dollar Sachschaden.

Warum? Wenn sich im Luftkanal unter dem Trockner Flusen sammeln, überhitzt sich der Motor. Dadurch werden unter dem Trockner angesammelte Flusen in den Luftkanal gesaugt, wo sie verklumpte Stoff- und Schmutzpartikel in Brand setzen. Baumwolle und Polyester – vor allem Letzteres – sind sehr leicht entflammbar, und der Brand ist äußerst schwer zu löschen. Um solche Brände zu vermeiden, sind Hersteller und Kundendienst ganz auf Mamas Seite: Flusenansammlungen sollten vor jeder Benutzung des Trockners kontrolliert und nach jeder Benutzung beseitigt werden.

Im Handel gibt es ein ganzes Arsenal von Bürsten, Saugern, Bürstensaugern und Saugbürsten, die speziell für die Beseitigung von Flusen konstruiert sind. Ganz gleich, welches Instrument man benutzt: Es ist vor allem wichtig, die Flusen vorsichtig zu entfernen – wer den Filter beschädigt, schafft damit nämlich nur ein neues Brandrisiko. Nach dem Säubern den Flusenfilter wieder korrekt einsetzen.

Außerdem ist es ratsam, den ganzen Luftkanal einmal im Jahr zu reinigen.

Schadensbegrenzung: Mamas beste Fleckentfernungs-Tipps

Man braucht keine speziellen Fleckentferner, um hartnäckige Flecken im Handumdrehen zu entfernen.

Flecken lassen sich kaum vermeiden – es sei denn, Sie hätten Augen im Hinterkopf und ein zusätzliches Paar Hände. Mama hat zwar auch nicht mehr Augen und Hände als andere Menschen (obwohl es uns zuweilen so vorkam), hatte aber zum richtigen Zeitpunkt immer genau den richtigen Trick auf Lager, ganz egal, wie hartnäckig der Fleck war.

MAMA SAGT: »Mit dem richtigen Mittel und etwas Mühe verschwinden die meisten Flecken im Nu.«

Kaffee oder Tee: Für Arbeitsflächen oder Becher einen Esslöffel Soda mit Wasser anfeuchten – gerade so viel, dass es eine Paste ergibt – und mit einem Scheuerschwamm in den Fleck einreiben. Hilft das nicht, den Fleck mit einem feuchten Tuch und ein paar Tropfen Chlorbleiche behandeln oder den Becher über Nacht mit einer Lösung aus 2 EL Chlorbleiche auf ¼ l Wasser einweichen (und vor dem nächsten Gebrauch gründlich mit warmem Wasser ausspülen).

Seifenschmiere in Küche oder Bad: Es lebe die Soda! Als feuchte Paste (siehe oben) oder Scheuerpulver wird Soda mit jedem Seifenrest fertig. Nach der Behandlung mit viel kaltem bis lauwarmem Wasser nachspülen.

Kalkflecken: Flecken auf Spüle und Armaturen mit Essig-Zitronensaft-Mischung (1:1) behandeln und die Lösung einige Minuten einwirken lassen. Mit kaltem bis lauwarmem Wasser abspülen und mit einem Tuch nachpolieren. Bei hartnäckigen Flecken Vorgang wiederholen und Lösung etwas länger einwirken lassen.

Urin (von allen Lebewesen): So viel Urin wie möglich mit Küchenpapier aufsaugen (ist saugfähiger als Stoff), dann die Stelle mit schaumigem Geschirrspülmittel und gut ausgedrücktem Schwamm schrubben. Überschüssige Feuchtigkeit mit Küchenpapier aufsaugen, dann Essigwasser (1 Teil Essig auf 4 Teile warmes Wasser) mit Sprühflasche auftragen oder mit Lappen oder Schwamm auftupfen. Drei oder vier Stücke Küchenpapier übereinander auf den Fleck legen. Papier mit Büchern beschweren und über Nacht (oder einen ganzen Tag lang) liegen lassen. Wenn man die Bücher weg-

nimmt, sollte der Fleck verschwunden sein. Die Stelle mit Staubsauger oder Bürste behandeln, um sie dem restlichen Teppich anzupassen.

Fett: Je nachdem, wo der Fleck sich befindet und wie schlimm er ist, gibt es drei Möglichkeiten. Fettflecken auf Polstern oder Holzoberflächen kann man mit Salz bestreuen. Ist der Fleck noch frisch, saugt das Salz das Fett auf und lässt sich mit Staubsauger oder Bürste entfernen. Nützt das nichts, versucht man es mit Scheuern. (Achtung: Nicht bei Stoffen anwenden, die nur chemisch zu reinigen sind.) Mit einem vorsichtig in Spülmittelwasser getauchten (und gut ausgedrückten) Scheuerschwamm sacht reiben, bis der Fleck verschwindet. Hilft auch das nicht, den Vorgang mit Stahlwolle wiederholen.

Bei Fettflecken auf Kleidung unverdünnte Cola auf den Fleck schütten, mit der Hand verreiben und einige Minuten einwirken lassen, während man die restliche Wäsche sortiert. Bis man die Waschmaschine gefüllt hat, ist auch das verschmutzte Kleidungsstück bereit. Wie üblich Waschmittel dazugeben und nach Pflegeanleitung waschen.

Tipp **Cola eignet sich auch hervorragend, um Fett – sogar Schmieröle – von den Händen zu entfernen. Einfach so lange gießen und schrubben, bis die Hände sauber sind, dann mit reichlich Seife und warmem Wasser nachspülen.**

Kaugummi auf Textilien: Ein rohes Eiweiß auf das Kaugummi geben. Mit den Fingern einmassieren, bis das Kaugummi völlig herausgelöst ist. Oder das Kaugummi mit Eiswürfeln einreiben (oder, falls möglich, das ganze Kleidungsstück in die Kühltruhe stecken). Wenn das Kaugummi hart friert und springt, kann man die Stücke mit den Fingern abpulen.

Tipp **Die Eiweißmethode ist definitiv die effektivste, wenn man Kaugummi aus den Haaren entfernen muss.**

Wein: Bei Weinflecken jeder Art ist schnelles Handeln gefragt. Bei Flecken auf waschbaren Textilien und Polsterstoffen den Fleck mit aufgestreutem Salz (oder mit einem Tuch) aufsaugen und anschließend mit warmem, kohlensäurehaltigem Wasser und Schwamm behandeln. Das Teil drei bis vier Minuten unter fließendem heißem Wasser ausspülen (oder bei Möbeln mit heißem Wasser und Schwamm behandeln), anschließend nach Pflegeanleitung waschen.

Bei Teppichen und nicht waschbaren Materialien heißt der Merksatz »Tupfen, nicht reiben!«. Den Fleck mit Schwamm oder feuchtem Tuch betupfen – erst mit Sprudelwasser, dann mit Spülmittel, zuletzt mit klarem Wasser. Ist der Teppich oder das Kleidungsstück weiß, kann man auch Bleichmittel benutzen, etwa Wasserstoffperoxid oder – Zauberkraft in Sekundenschnelle – Chlorbleiche. Wattebausch mit Wasser tränken, einige Tropfen

Bleiche zugeben und gründlich ausdrücken. Nun den Fleck mit dem Wattebausch betupfen und zusehen, wie er verschwindet. Die Bleiche sofort auswaschen, damit sie keine Spuren hinterlässt.

Tipp **Bleiche sollte man nur bei reinweißen Stoffen anwenden. Auf cremeweißen oder farbigen Kleidungsstücken hinterlässt sie schneeweiße Flecken.**

Blutflecken: Hier heißt der Trick Temperatur: Wer einen Blutfleck erhitzt, fixiert damit die Verfärbung im Stoff. Polster oder Teppich zunächst mit kaltem, feuchtem Schwamm betupfen oder das Kleidungsstück im Waschbecken kalt spülen. Dann Wasserstoffperoxid direkt aus der Flasche auf den Fleck schütten und anschließend ausspülen; Flecken auf Teppich oder Polster einfach mit einem peroxidgetränkten Lappen oder Schwamm betupfen.

Geschniegelt und gebügelt

Gebügelt sieht fast jedes Kleidungsstück besser aus.

Vielleicht haben Sie sich immer vor der Anschaffung eines Bügelbretts gedrückt, weil Sie sich innerlich nicht mit dem Gedanken anfreunden können, Ihre Baumwoll- und Leinenhosen sowie die dazugehörigen Blusen zu bügeln. Kaufen Sie trotzdem eins: Ein Bügelbrett ist eine relativ preiswerte Anschaffung, mit der sich das Bügeln sehr viel effizienter und befriedigender gestaltet.

MAMA SAGT: »Mit Methode bügelt sich's besser.«

1. Auf dem Pflegeetikett nachsehen, welche Einstellung für das Kleidungsstück erforderlich ist. Baumwolle oder Leinen bügelt man am besten mit einem Dampfbügeleisen (Tank mit destilliertem Wasser füllen). Baumwolle und Leinen werden auf höchster Temperaturstufe gebügelt, Wolle und Baumwollmischgewebe auf mittlerer und Polyester, Viskose, Seide und Acetat auf niedrigster.

2. Beim Hemden- und Blusenbügeln planvoll vorgehen. Erst Unter-, dann Oberseite des Kragens bügeln. Anschließend die Manschetten bügeln (Innenseite zuerst). Ärmel glatt hinlegen, Falten ausstreichen, dann von beiden Seiten bügeln (Rückseite zuerst). Vorderteile nacheinander von der Schulter bis zum Saum bügeln. Hemd umdrehen und Hemdrücken bügeln. Nach dem Bügeln ist das Hemd etwas feucht, daher sofort aufhängen, damit keine neuen Knitterfalten entstehen.

3. Hosen zunächst auf links drehen. Bund, Taschen (von beiden Seiten) und Verschluss bügeln, dann Hose wieder wenden. Auf dem spitzen Ende des Bügelbretts Bundaußenseite und Falten bügeln (nacheinander alle Falten über die Spitze des Bügelbretts ziehen, um sie so zu glätten). Hose der Länge nach aufs Bügelbrett legen, Bügelfalte auf Bügelfalte. Oberes Hosenbein hochklappen und nun die Innenseite des unteren Beins bügeln. Hose umdrehen und Vorgang beim anderen Bein wiederholen. Das untere

Bein beiseiteschlagen und das obere Bein so hinlegen, dass man die Außenseite bügeln kann. Anderes Bein ebenso bügeln. Hose sorgfältig auf einen Hosenbügel hängen (oder mit Wäscheklammern am Hosenbund aufhängen), damit sie nicht erneut Sorgenfalten bekommt.

Einmaleins des Nähens: Mamas Grundkurs für Knöpfe und Säume

Wer Flickarbeiten und Änderungen selbst vornimmt, spart Zeit und Mühe.

Wie bei den meisten Arbeiten beginnt man auch beim Nähen mit der richtigen Ausrüstung. In Drogerie- und Supermärkten gibt es Reisenähzeug im Taschenformat, es taugt aber auch nur dafür: für Reisen und die Tasche. Also begeben Sie sich in einen Stoff- oder Kurzwarenladen oder in ein Kaufhaus mit entsprechender Abteilung. Dort bekommen Sie Ihre Grundausstattung und Ersatzknöpfe.

Mama sagt: »Knöpfe annähen erfordert nicht mehr als zehn simple Arbeitsschritte.«

1. Wichtig ist ausreichende Beleuchtung, damit sich der Faden eindeutig vom Stoff abhebt. Bei schlechtem Licht macht man leicht Fehler (und verwechselt oft Schwarz mit Dunkelblau oder umgekehrt).
2. Ein Garn auswählen, das so gut wie möglich zum Kleidungsstück passt.

Nähen: Grundausstattung

Ein neu zusammengestelltes Nähzeug sollte Folgendes enthalten:

Stecknadeln

Sicherheitsnadeln (verschiedene Größen)

Nähnadeln (verschiedene Stärken)

Nadelkissen

Fingerhut

Nahttrenner

Schere*

Weißes Polyesternähgarn

Schwarzes Polyesternähgarn

Polyesternähgarn in drei Grundfarben

Nähwachs (nach Wunsch)

Zentimetermaß (nach Wunsch)

Nähkasten (nicht unbedingt nötig, aber eine gute Idee – man könnte eine leere Keksdose dazu umfunktionieren)

* Leisten Sie sich eine gute Stoffschere – keine Zackenschere – und schneiden Sie damit ausschließlich Stoff. Verwendet man sie für Papier oder Plastik, wird sie schnell stumpf.

3. Garn einfädeln und durch die Nadel ziehen, bis beide Enden gleich lang sind, dann Enden verknoten. (Dazu entweder die Fäden zwischen den Fingerspitzen rollen, um sie zu verzwirnen, und dann verknoten, oder einen Doppelknoten machen wie bei Schnürsenkeln.)
4. Den Knopf auf die richtige Stelle legen.
5. Den ersten Stich von unten nach oben durch den Stoff und eins der Löcher im Knopf machen. (Der Knoten sitzt dann innen, wo man ihn nicht sehen kann.)
6. Faden straffziehen und die Nadel durch das nächste Loch im Knopf und alle Stoffschichten nach unten stechen; wieder straffziehen.
7. Diesen Vorgang etwa sechsmal wiederholen bzw. so lange, bis der Knopf fest genug sitzt. Zum Schluss die Nadel auf die Stoffrückseite durchstechen.
8. Zum Befestigen des Fadens einen winzigen Stich durch den Stoff machen, den Faden aber nicht ganz durchziehen. Eine kleine Schlaufe stehen lassen und den Faden ein- oder zweimal hindurchführen, dann den entstandenen Knoten fest anziehen.
9. Zur Sicherheit noch einen weiteren Knotenstich machen.
10. Den Faden dicht am Knoten abschneiden, und schon sind Sie fertig! (Nicht vergessen, die Nadel wieder ins Nadelkissen zu stecken, damit Sie später nicht darauftreten.)

MAMA SAGT: »Es gibt mehrere Methoden, Hosen zu säumen: Mamas Methode und alle anderen Methoden.«

Mamas Methode ist natürlich die beste.

1. Mit dem Nahttrenner vorsichtig den vorhandenen Saum auftrennen und auseinanderfalten.
2. Hosenbeine nacheinander flach aufs Bügelbrett legen und die Knickfalten ausbügeln.
3. Die Hose anziehen und in die Schuhe schlüpfen, die man zu dieser Hose tragen will. (Was barfuß die richtige Länge hat, ist für Schuhe häufig zu kurz.)
4. Hose ausziehen. Sind die Beine mehr als 2,5 cm zu lang, überschüssigen Stoff abschneiden. Hosenbeine nacheinander auf eine ebene Fläche legen und gerade abschneiden. Bei sehr weiten Hosenbeinen Schnittlinie am besten vorher mit einem Lineal anzeichnen, damit beide Hosenbeine rundum gleich lang sind. Die Hosenbeine etwa 2,5 cm länger lassen, damit genügend Stoff als Saumzugabe bleibt.
5. Hose auf links drehen und wieder anziehen. Stoff an einem Bein so weit nach innen umschlagen, dass der Saum rundum gleich lang ist und das Bein die richtige Länge hat.

Tipp **Sieht der Stoff aus, als könnte er nach dem Abschneiden ausfransen, ist ein Schritt 4 a geboten: Bei gewendeter Hose die Schnittkante etwa 1 cm umlegen und gut einbügeln, dann diese eingebügelte Stoffkante auf die gewünschte Länge umlegen. Die Schnittkante verschwindet so im Saum und kann nicht ausfransen.**

6. Den Saum mit ein bis zwei Stecknadeln vorn oder an der Seite feststecken, um die Länge zu markieren. Dann Hose vorsichtig ausziehen.
7. Nun die Säume an beiden Hosenbeinen nach dieser Markierung abstecken.
8. Mit Lineal oder Maßband kontrollieren, ob die Säume an beiden Beinen gleich breit sind und nicht ein Bein kürzer als das andere wird.
9. An der immer noch auf links gewendeten Hose Saumkanten einbügeln.
10. Nun das passende Nähgarn wählen – die Farbe sollte sich so wenig wie möglich von der des Kleidungsstücks unterscheiden, die Faser möglichst die gleiche sein.
11. Nadel einfädeln, Knoten machen (siehe Seite 144) und die Hose auf links gewendet lassen, so dass die umgelegte, abgesteckte Schnittkante sichtbar und leicht zugänglich ist. Den Saum mit einem kleinen Stich beginnen.
12. Beim Nähen immer wieder nachprüfen, wie der Saum von außen aussieht. Von innen gesehen sollten die Stiche knapp 1 cm aus-

einander sitzen, von außen aber fast unsichtbar sein. (Beim Ausstechen auf der rechten, äußeren Seite der Hose die Nadel an fast derselben Stelle wieder einstechen.)

13. An jedem Hosenbein zum Schluss den Faden innen mit einem Knotenstich befestigen.

14. Freuen Sie sich über Ihre neue Hose!

5. Kapitel: Liebe und Beziehungen

Wenn Sie etwas über *moderne* Liebesbeziehungen lernen wollen, leihen Sie sich eine DVD aus – fragen Sie nicht Mama. Von den technischen Finessen der heutigen Dating-Politik hat sie keine Ahnung.

Was Ihre Generation umtreibt, mag sie zwar nicht wissen, dafür versteht sie sich aber umso besser aufs Suchen, Finden und Beenden von Liebesbeziehungen. Sie gehören hoffentlich schon bald zu den Glücklichen, deren Liebeshimmel voller Geigen hängt – bis dahin kann es jedoch nicht schaden, sich an Mamas Ratschläge zu erinnern.

Anziehen zum Ausgehen

Hüten Sie sich bei besonderen Anlässen vor besonderen Outfits.

Wer bei einem Date ganz besonders gut aussehen möchte, gerät leicht in Versuchung, einen Look anzustreben, der überhaupt nicht zu ihm passt.

Ein Beispiel: Nachdem man sämtliche angesagten Läden der Stadt durchkämmt hat, ersteht man schließlich ein Outfit, das sich von allem unterscheidet, was man je zuvor getragen hat. Neue Farbe, Hightechmaterial, neuer Schnitt: Das Ding ist ein Versuch in angewandter Asymmetrie. Leider fühlt man sich darin wie ein windschiefes Nashorn. Und dementsprechend wird der Abend auch verlaufen. Man kann glattstreichen, zurechtzupfen und aufknöpfen, so viel man will, dieses Nashorn ist einfach nicht zu bändigen.

Hier gilt für Männer und Frauen der gleiche Rat: Bloß nicht übertreiben. Wer sich in seiner Kleidung nicht wohlfühlt, ist verlegen und kann schlichtweg nicht er selbst sein.

Mama sagt: »Wenn du mit deiner Kleidung Eindruck schinden willst, zieh etwas Bequemes und Bewährtes an.«

1. Zumindest beim ersten Date die gewagten Stücke im Schrank lassen. Enge Hosen oder ein tiefes Dekolleté wirken oft eher einschüchternd als einladend.
2. Trotzdem bedeutet »bequem und bewährt« nicht ausgelatschte Sandalen und die Lieblingsjeans. Zeigen Sie in Ihrem ganz persönlichen Stil, dass dies ein besonderer Anlass für Sie ist.
3. Die Kleidung sollte ganz frisch gewaschen sein, nicht nach dem Motto »Habe ich erst einmal ins Kino angehabt«. Jeans lassen sich mit einer edlen Bluse aufmotzen oder feine Hosen mit einem T-Shirt alltagstauglich machen. Vor allem aber die Schuhe nicht vernachlässigen (Frauen achten besonders darauf). Ob neu und modisch oder eingetragen und klassisch, sie sollten immer sauber und gut geputzt sein.
4. Dem Anlass entsprechend kleiden. Selbst wenn es sich um eine Überraschung handelt, sollte der Partner Ihnen einen Tipp geben,

was sich eignet und was nicht. (Sonst landet man vielleicht im Seidenkostüm im Reitstall oder in Khakihose und T-Shirt in der Oper.)

5. Wenn es unbedingt neue Schuhe sein müssen: die Sohlen aufrauen, damit es keine Stürze gibt. Dazu mit den Sohlen auf Asphalt laufen, bevor man sich auf den Teppich wagt, oder kurz mit Sandpapier leicht anschleifen.

6. Keine kostbaren Teile anziehen. Wer sich ständig Sorgen macht, weil der sündhaft teure, kompliziert zu reinigende Designerblazer über der Stuhllehne hängt oder unter dem Kinositz verstaut ist, kann sich nicht auf die wichtigeren Aspekte des Abends konzentrieren.

So nicht. *So ja.*

Wer hört, hört noch lange nicht zu

Falls Ihre Bekanntschaft Sorge äußert, sie könne Ihnen wehtun, wird sie genau das tun.

Wenn man den rein zeitlichen Aspekt betrachtet, geht es beim Date mehr ums Reden als ums … nun ja, um das, was man außer Reden noch tut. Die Leute erzählen viel, wenn sie einander kennenlernen. Unter romantischen Vorzeichen ist jedoch jede Unterhaltung ein verkapptes Verkaufsgespräch. Hinter jeder Anekdote und jedem Bekenntnis lauert das Gespenst der *Zukunft*.

Nehmen wir an, die ersten Verabredungen haben den Test bestanden, und es beginnt eine ernsthaftere Bindungsphase. Ihr Gegenüber seufzt tief, starrt angespannt in die Ferne und sagt: »Ich fürchte, ich werde dir wehtun.« Worauf Sie natürlich mit Mitleid für die gequälte Seele und ihre unnötigen Versagensängste reagieren. Ach, denken Sie, wie süß. Aber seien Sie lieber gewarnt. Diese spezielle Aussage sollte man *nicht* als romantische Rhetorik abtun. Sie bedeutet, dass Ihr

Gegenüber entweder generell unter Bindungsängsten leidet oder sich speziell nicht an Sie binden will – und sich berechtigte Sorgen um Ihren Gefühlshaushalt macht.

MAMA SAGT: »Taten sagen vielleicht oft mehr als Worte, aber manchmal meinen die Leute tatsächlich, was sie sagen.«

Hier ein paar Sätze, bei denen all Ihre Alarmleuchten aufblinken sollten:

1. Ich habe gerade eine Beziehung hinter mir und suche deshalb nichts Langfristiges.
2. Ich habe Bindungsprobleme.
3. Ich glaube, Männer und Frauen sind nicht zur Monogamie bestimmt.
4. Wir machen besser keine Versprechungen.
5. Warum sollten wir das, was uns verbindet, in eine Schublade stecken?
6. Auch wenn wir einen Schritt weiter gehen, bleiben wir einfach nur gute Freunde.
7. Ich hatte so viel zu tun, dass ich nicht anrufen konnte.
8. Du wirst mich nicht immer lieben.
9. Du bist viel zu schade für mich.

Falls der Partner solche gar nicht so subtilen Andeutungen fallen lässt, sollte man sie für bare Münze nehmen: Er/sie ist nicht bereit zu einer festen Beziehung, und wenn Sie eine solche suchen, machen Sie lieber schnellstmöglich einen Rückzieher.

»Kann nicht« liegt im Grabe. »Will nicht« steht daneben.

»Tut mir leid, aber ich kann das einfach nicht erklären.« Kommt Ihnen das bekannt vor? »Kann nicht« bedeutet meist ein vages, ungerechtfertigtes (oder nicht zu rechtfertigendes) »Will nicht« – eine einfache Art, den Schwarzen Peter an irgendeine Naturgewalt weiterzureichen. Wenn Sie etwas nicht wollen, müssen Sie erklären, warum Sie nicht wollen, aber mit »Kann nicht« sind Sie aus dem Schneider – oder doch nicht?

Wer in Beziehungen »Ich kann nicht« sagt, schlägt seinem Partner die Tür vor der Nase zu. Es ist eine prima Methode, Diskussionen über die wirklichen Gründe und Gefühle zu vermeiden, die zu Problemen und Missverständnissen führen können. Aber denken Sie daran, je häufiger Sie diese metaphorische Tür zuschlagen, desto eher wird Ihr Partner eine echte Tür zuschlagen – hinter sich, wenn er geht. Soll eine Beziehung wirklich funktionieren, vergessen Sie »Kann nicht« und führen Sie echte Diskussionen.

So erkennt man Liebe

Das Verlieben ist der einfachste Teil.

Nun kennen Sie die Warnsignale, die Ihnen verraten, wann einer Beziehung möglicherweise das Potenzial fehlt. Aber wie können Sie trotzdem offen und aufmerksam für eine vielversprechende Beziehung bleiben?

MAMA SAGT: »Das Schwierige ist, etwas aus seiner Verliebtheit zu machen.«

Kluge Menschen wie Mama werden Ihnen sagen, dass auf diesem Gebiet nichts über Erfahrung geht, aber eine Beziehung, die langfristig Aussicht auf Erfolg hat, weist mindestens zwei der folgenden Merkmale auf:

1. Sie haben einen Menschen gefunden, bei dem Sie sich gleichzeitig entspannt, selbstbewusst und aufgeregt fühlen.
2. Sie passen in Geschmack, Hobbys und Gewohnheiten zusammen, aber auch in Ihrer Kommunikationsfähigkeit.
3. Sie gehen mit Stress und Unglück auf dieselbe Weise um. Neigen Sie zum Beispiel dazu, Dramatik zu vermeiden und Probleme immer sofort zu lösen, Ihr Partner fühlt sich aber nur bei Stress richtig wohl, sollten Sie vorsichtig sein. Sind Sie aber meist glei-

cher Meinung, selbst in Notzeiten, haben Sie vielleicht jemanden gefunden, der tatsächlich zu Ihnen passt.

Getrennte Konten statt getrennter Menschen

Die meisten Paare würden dem zustimmen: Geld ist die Wurzel (fast) allen Übels, wenn es um die Aufrechterhaltung einer gesunden Beziehung geht. Bei einem vollkommen glücklichen Paar können wüsteste Schlammschlachten ausbrechen, wenn einer vergessen hat, die Rechnung zu bezahlen, und deshalb das Telefon abgestellt wird oder der andere unbedingt ein Paar Schuhe für 300 Euro kaufen musste. Es gibt verschiedene Methoden, solche Unannehmlichkeiten zu vermeiden.

1. Beide Partner müssen ihr gemeinsames Einkommen realistisch einschätzen und sich darauf einigen, welchen Lebensstil sie damit finanzieren können (und welchen nicht).
2. Das Paar sollte wissen, wohin das Gehalt überwiesen wird – auf das Konto des jeweiligen Partners oder auf ein gemeinsames Konto –, damit der eine das »Taschengeld« des anderen nicht für Rechnungen verplant.
3. Das Paar sollte sich die Haushaltungskosten teilen. Listen Sie alle monatlich zu zahlenden Strom- und Telefonrechnungen, Kreditkartenabrechnungen, Miet-, Kredit-, Hypotheken-, Versicherungs- und Autokosten auf und entscheiden Sie, von welchem Konto die jeweiligen Beträge überwiesen werden und wer dafür zuständig ist. Seien Sie realistisch! Kann einer der Partner nicht mit Geld umgehen, wird er sich nicht über Nacht ändern. Ihm sollten die weniger wichtigen Transaktionen übertragen werden.

Was ist die Aufregung wert?

Sie können nicht grundsätzlich jede Schlacht gewinnen.

Sie können nicht einmal grundsätzlich jede Schlacht austragen. Wut verschlingt eine ungeheure Menge Energie: Natürlich werden Sie sich im Laufe einer Beziehung über vieles ärgern. Wenn Sie sich aber über alles gleichermaßen aufregen, nehmen Sie Ihrer Entrüstung, dann wenn sie durchaus berechtigt ist, eine Menge von ihrer Wirkung. Außerdem leidet Ihre Glaubwürdigkeit darunter – gelten Sie erst einmal als jähzornig, wird jede Ihrer Reaktionen und Ansichten mit Argwohn aufgenommen.

MAMA SAGT: »Liebe ist eine permanente Verhandlungssache.«

Sie müssen sich entscheiden, was Sie bereit sind aufzugeben, um das zu bekommen, was Ihnen wirklich wichtig ist. Setzen Sie Prioritäten.

Fragt Ihre Partnerin Sie zum Beispiel nie, wie es mit der Arbeit läuft, deuten Sie das vielleicht als Desinteresse, während sie Sie einfach nur in Ruhe lassen will. Oder Ihr Partner vergisst den Hochzeitstag und Sie deuten das als Gedankenlosigkeit – vergessen dabei jedoch, dass er Ihnen letzte Woche Blumen mitgebracht hat. Manche Menschen sind nicht so auf Daten fixiert, auf ihre Art aber nicht weniger romantisch.

Wenn Sie sich jedes Mal aufregen, sobald Ihr Partner Sie nicht »richtig« behandelt, bis Sie aus der Aufregung schließlich gar nicht mehr herauskommen, haben Sie drei Möglichkeiten.

1. Sie begreifen, dass Sie sich im Grunde gerne aufregen und dass Sie Ihren Partner trotz seiner angeblichen »Unzulänglichkeiten« nur noch mehr lieben.
2. Sie nehmen Abschied von Ihren Märchenträumen und akzeptieren Ihren Partner als Menschen aus Fleisch und Blut. Sie schrauben Ihre Erwartungen herunter und hören auf, sich aufzuregen.
3. Rückzug: Falls Sie im Zuge der zweiten Möglichkeit entdecken, dass die Ansichten Ihres Partners sich dramatisch und bedrohlich stark von Ihren unterscheiden, beenden Sie die Beziehung auf eine möglichst erwachsene Art – durch eine rücksichtsvolle, freundschaftliche Trennung.

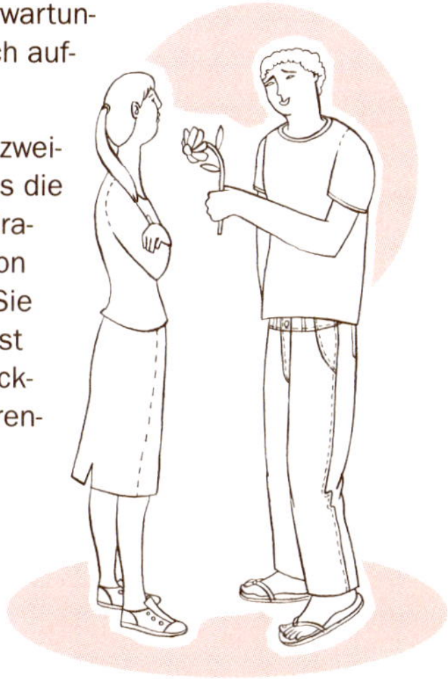

Streiten – aber richtig

Falls Sie und Ihr Partner beim geringten Anlass explodieren, sollten Sie einige Kampfregeln aufstellen und die unvermeidlichen Streitigkeiten für die Zukunft regelrecht planen.

1. Niemals einen Streit anfangen, solange Sie nicht beide von vornherein bereit sind zuzugeben, dass auch der andere Recht haben könnte.
2. Wenn der Streit einen Moment lang abflaut, kann man sich hinsetzen und reden. Dabei darf der Auslöser für den Streit nicht wieder zur Sprache kommen – keine Diskussionen darüber, wer angefangen hat, wer nicht mit fairen Mitteln kämpft oder wer wieder mal gar nichts kapiert. Konzentrieren Sie sich auf das Wesentliche.
3. Stellen Sie folgende Regel auf: Falls einer der beiden Kombattanten bemerkt, dass die Diskussion in Streit ausartet, kann und muss er (oder sie) abbrechen, bevor es zum handfesten Krach kommt. Und wie? Indem man sich schlicht weigert, den Streit weiter eskalieren zu lassen: Einfach aufhören – wenn es sein muss, mitten im Satz. Diese Unterbrechung darf vom anderen nicht als Strafe oder Kapitulation aufgefasst werden. Sie gilt lediglich als Pause.
4. Beide Parteien sollten tief durchatmen. Sie können sich einigen, die Diskussion später fortzusetzen, wenn sie wieder zu vernünftiger Kommunikation fähig sind.

Recht haben oder glücklich sein?

> Zuzugeben, dass man im Unrecht ist, heißt noch lange nicht, dass man den Kampf verloren hat.

Im Laufe der Geschichte sind Millionen von Menschen gestorben, weil sie beweisen wollten, dass sie Recht hatten. Für manche gibt es offenbar nur eines, das noch schöner ist, als Recht zu haben: sich darum zu streiten.

Rechthaberische Streitereien enden fast immer mit den wüstesten Beschimpfungen und Anschuldigungen. Wenn also der nächste große »Rechts«-Streit ansteht, denken Sie mal kurz nach. Worüber streiten Sie sich wirklich?

MAMA SAGT: »Wer liebt, muss zugeben können: ›Du hast Recht.‹«

Wer unbedingt Recht behalten muss, will damit häufig seine Unabhängigkeit geltend machen. Fühlt man sich in seiner Beziehung gefangen oder fürchtet beständig, den Kürzeren zu ziehen, besteht man irgendwann hitzig darauf, der Plural von Kaktus sei *Kaktusse* oder die Hochzeit am letzten Wochenende habe um *Viertel nach* drei angefangen, *nicht* um drei.

Vermutlich gibt es in einer solchen Beziehung Machtprobleme, die man an der Wurzel packen sollte, statt sie in kleinlichem

Gezänk auszutragen. Versuchen Sie zu erkennen, was Sie tatsächlich frustriert.

Falls Sie und Ihr Partner sich zu viel zanken, gibt es einen simplen Trick, den Schalter umzulegen – versuchen Sie zu sagen: »Du hast Recht.« Es ist schwer, sich mit jemandem zu streiten, der versucht, die Dinge von Ihrer Warte zu sehen.

Versöhnung vor dem Schlafengehen

> Legen Sie den Streit bei, bevor Sie sich selbst hinlegen.

Wie oft ist Liebe schon an Schlaflosigkeit zerbrochen? Nie ist man so allein mit seinem Schmerz wie in jenen Nächten, die man neben dem Verursacher seiner Qualen verbringt. Ganz allein liegt man dort mit seinem Kummer – der sich zu einem Sprengkörper mit der Kraft von Dynamit auswachsen kann.

Wenn keiner widerspricht, ist es leicht, seinen kleinen Groll zur Riesenwut aufzubauschen. Und gerät man erst einmal ins Grübeln, finden sich schnell noch andere Anlässe … und aus der Riesenwut wird ein Riesenhass, der jederzeit explodieren kann.

In jeder Beziehung gibt es einen Schläfer und einen Grübler. Falls Sie der Grübler sind, haben Sie wohl schon viele Nächte damit verbracht, Ihre Argumente durchzuspielen und vielleicht auch Rachepläne zu schmieden. Sind Sie der Schläfer, kennen Sie den Morgen danach, wenn Sie von seltsamen Anschuldigungen aus dem Schlaf gerissen werden oder man Ihnen stumm und unerklärlich die kalte Schulter zeigt. Wie in Kafkas *Verwandlung* als Käfer aufzuwachen, ist nichts dagegen.

Wütend zu Bett zu gehen schadet beiden Partnern und ist auf jeden Fall schlecht für die Beziehung, was auch immer der Anlass war.

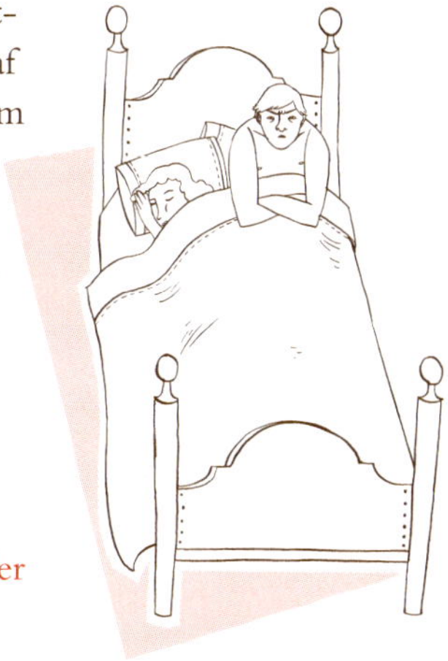

MAMA SAGT: »Kochen kannst du in der Küche, nicht im Bett.«

1. Falls sich Ihr Streit bis tief in die Nacht zieht, rufen Sie als Erste/r den Waffenstillstand aus. Sagen Sie einfach: »Hören wir jetzt auf und reden morgen darüber, wenn wir uns ausgeruht haben.«
2. Vergessen Sie nie, dass Ihr Partner nicht wirklich bösartig ist – höchstwahrscheinlich hat einer von Ihnen einfach einen Nerv getroffen, und Sie können vernünftiger darüber reden, wenn der erste Zorn verraucht ist.
3. Atmen Sie ein paarmal tief durch und versuchen Sie, an die guten Seiten Ihres Partners zu denken.
4. Ziehen Sie nicht zur Schlafenszeit in den Krieg. Im Allgemeinen sind Streitthemen an keinen Zeitpunkt gebunden – Sie können sich also aussuchen, wann Sie in den Ring treten, und inzwischen erst einmal ausschlafen.

Ständiger Rollenwechsel bringt nichts

Bleiben Sie sich selbst treu – vor allem in Ihrer Beziehung.

Wie die meisten Leute, sind Sie vermutlich bei jedem Ihrer Freunde ein etwas anderer Mensch, denn in jeder Beziehung zeigt man sich von einer anderen Seite. Mit den lustigen Freunden ist man lustiger, mit den intelligenten intelligenter und bösartiger mit den bösartigen.

Da ist es nur logisch, dass die besten Beziehungen diejenigen sind, in denen man sich selbst am besten gefällt. Wenn Sie sich aber zu sehr anpassen müssen, wenn Sie Entscheidungen treffen, die Ihnen nicht behagen, oder Sie sich aus irgendeinem Grunde plötzlich unehrenhaft verhalten, sollten Sie Ihre Beziehung und den Menschen, zu dem Sie dadurch werden, einmal genauer unter die Lupe nehmen.

MAMA SAGT: »Tu nichts, was du in deinen besten Momenten nicht tun würdest.«

Manchmal passt man sich in einer Beziehung so sehr an, dass man zu einem völlig anderen Menschen wird. Und seltsamerweise fühlt man sich in der Rolle dieser neuen Person häufig wohler als mit seinem unverstellten Ich. Aus den verschiedensten Gründen –

geringes Selbstbewusstsein, Versagensangst und andere Unsicherheiten – gerät man nur zu leicht in diese Rollenspiel-Falle. Kein bewusstes, absichtliches Rollenspiel, sondern die psychologische Variante.

Stellen Sie sich folgende Fragen:

1. Müssen Sie sich immer als Held fühlen?
2. Spielen Sie gern die hilflose Prinzessin?
3. Sind Sie nur glücklich, wenn Sie den existenzialistischen, ewig unverstandenen Prinzen geben dürfen?

Solche Rollen sind verführerisch, weil sie uns vertraut sind und wir genau wissen, wie diese fiktiven Figuren sich verhalten und reagieren werden. Das enthebt uns der Verantwortung, aufrichtig zu reagieren und sorgfältig abgewogene Entscheidungen zu treffen. Man muss nicht denken, sondern nur dem Drehbuch folgen!

Das Schlimmste am Rollenspiel ist, dass Ihre Beziehung zu einer Geschichte mit uraltem, vorhersehbarem Ende wird. Sie haben eine komische Alte engagiert, die schon in den Kulissen wartet. Überraschend wird es nur, wenn sie an die Rampe watschelt und die Tragödie beklagt.

In diese Falle gerät man nur allzu leicht. Manche Menschen sind erst glücklich, wenn man ihnen weh tut, andere sind nur dann zufrieden, wenn sie jemanden verteidigen können, der ihre Hilfe braucht.

Hören Sie auf mit dem Theater! Solange Sie weiter eine Rolle spielen, gibt es auch kein Happy End.

Que sera, sera – Übersetzung

> Wenn er mit dir Schluss macht,
> war er sowieso nicht der Richtige.

Das ist eine von Mamas liebsten Plattitüden. Sie ist überzeugt, dass Sie das Beste sind, was auf diesem Planeten herumläuft, und wenn jemand das nicht erkennt, ist das sein Problem – nicht Ihres.

Mamas Logik scheint schreiend unlogisch. Aber geben Sie zu, irgendetwas ist dran. Beziehungen fußen auf Liebe, Vertrauen und Kompromissen, ja – aber auch auf wackligen Fundamenten von Egos und Erwartungshaltungen.

Bei gegenseitiger Anziehung geht es nicht nur um Chemie; es geht darum, ob jemand einem bestimmten Bild entspricht, das sich der andere von ihm macht. Es geht darum, ob dieser Mensch in Fähigkeiten, Erfahrung, Intellekt, Stil, Körperbau, Haarfarbe und so weiter unserem Ideal und unseren Bedürfnissen entspricht.

Deshalb reduziert sich, von allen Pheromonen (und Hormonen) einmal abgesehen, das ganze Dating-Programm auf eine Reihe von Vorstellungsgesprächen.

Falls jemand anderes den Job bekommt, liegt es nicht daran, dass man selbst nicht genügend qualifiziert war, sondern daran, dass der oder die andere dem Anforderungsprofil eher entsprach.

Also hat Mama Recht: Wenn es nicht funktioniert hat, sollte es eben nicht sein. Und Sie können dem Himmel danken, dass Sie den Job nicht bekommen haben.

In Beziehungen hört die Arbeit nie auf

> Wie man sich bettet, so liegt man – und betten muss man sich täglich neu.

Sie haben sich umgesehen. Sie haben Probe gewohnt. Sie haben geleast – mit Kaufoption.

Und nun haben Sie sich endlich entschieden, auf die Stimme Ihres Herzens zu hören und sich fest zu binden – sei es in der Ehe oder in einer anderen langfristigen Beziehungsform, die Sie und Ihren Partner in guten wie in schlechten Tagen zusammenschweißt.

Aber was muss man tun, damit es gut geht? Was, damit es schiefgeht? Und woher wissen Sie, wo die Grenzen sind?

Laut Mama gibt es nur wenige schwere Vergehen, die in einer festen Beziehung nicht hinnehmbar sind – etwa Brutalität und

Fremdgehen –, aber Hunderte von Gründen, an einer Beziehung festzuhalten.

Ständig aufeinanderzuhocken kann bisweilen langweilig, frustrierend und ausgesprochen enervierend werden.

Und wie alles andere gehorcht auch eine feste Beziehung dem Gesetz der Entropie: Hält man sie nicht aktiv zusammen, fällt sie auseinander. Man muss daran arbeiten. Man muss diskutieren. Man muss verhandeln.

Ist der erste Lack ab, sollte man mehr als zweimal überlegen, bevor man zugibt, dass man einen Fehler gemacht hat. Bringen Sie ab und zu frischen Wind in Ihre Beziehung. Seien Sie spontan und gönnen Sie sich mal wieder ein Rendezvous, wenn Sie schon länger nicht mehr ausgegangen sind.

Vergessen Sie aber vor allem nicht, wie viel Sie immer noch an Ihrem Partner lieben – und denken Sie daran, es ihr oder ihm so oft und so ernsthaft wie möglich zu sagen.

Wenn Sie tatsächlich

Märchen brauchen, wie wäre es mit diesem: Der Frosch wird zum schönen Prinzen. Der Prinz und die Prinzessin heiraten. Sie kaufen ein Haus, einen DVD-Player, einen richtig gemütlichen Sessel, und peng! Er verwandelt sich in den Frosch zurück, und sie wird zur Xanthippe. Und Frosch und Xanthippe werden so alt und faltig, dass man sie nicht mehr auseinanderhalten kann. Und sie leben und zanken glücklich bis ans Ende ihrer Tage.

Register

Danksagung

Dieses Buch ist Bob und Maude Fayer gewidmet, die ungefähr 98,9 Prozent von allem wissen.

Dank auch an mein Team: Manche wurden geduldig geboren, manche lernten Geduld, und manche hatten keine andere Wahl …

An Liz Lazich und Ace, Eric Andruss, Tea Leaf Green und den Haushalt, Jay Vallon und Brendena Houmari, Peter Frœhliche, Jill Jensen, Jimmy Robinson und meine Freunde bei Britex Fabrics für ihre Hilfe mit Disziplin und Ablenkung, an Candace Bridges für Rezepte und Ermutigung, an Mama Simon für ersatzmütterlichen Rat, an Heidi Hungerford für die tägliche Schriftstellerversorgung (darunter ihr berühmter Bananenkuchen und Barb Hungerfords Eierspaghetti) und Hilfe beim Manuskript, an Octavio Rojas für Korrekturen und manchen entscheidenden Fingerzeig, an Richard Klein, der den wichtigsten aller Anrufe tätigte, an meine Lektorin Mindy Brown für ihr Talent (und dafür, dass sie mich nicht erschossen hat, wenn ich mal wieder einen Abgabetermin überzogen hatte) und an Roger W. Reinitz … für alles.